Changing Centuries

Selected Poems of Fernando Alegría

LATIN AMERICAN LITERARY REVIEW PRESS
SERIES: DISCOVERIES
PITTSBURGH, PENNSYLVANIA, 1984

The Latin American Literary Review Press publishes Latin American creative writing under the series title *Discoveries,* and critical works under the series title *Explorations.*

Library of Congress Cataloging in Publication Data:

Alegría, Fernando, 1918
 Changing Centuries.

 (Discoveries)
 English and Spanish.
 I. Alegría Fernando, 1918   —Translations,
English. I. Title. II. Series.
PQ8097.A734A24   1983   861   83-19895
ISBN 0-935480-15-3

Most of these poems originally appeared in Instrucciones para desnudar a la raza humana (Editorial Nueva Imagen, Mexico).

Some of these translations first appeared in the following magazines, whose editors are gratefully acknowledged: Alcatraz, the American Poetry Review, Compages, Five Fingers Poetry, and Montana Gothic.

This project is partially supported by a grant from the National Endowment for the Arts in Washington, D.C., a Federal agency.

Changing Centuries can be ordered directly from the publisher, Latin American Literary Review Press, P.O. Box 8385, Pittsburgh, Pennsylvania 15218.

CONTENTS

I

II

III

IV

V

VI

VII

I

Jardín de La Ceiba

Era la hora del humo abanicada por el Angelus,
bajo la sombra blanca del cielo
como campanas a la espera
los príncipes desnudos nos cerraban el camino.

De pie, el solitario en su traje de hojas,
la ceja alzada, un dedo de ónix en los labios
escuchaba a los astros que empezaban a cantar sus recuerdos.

Hubo un revuelo de brazos y pendientes,
bajó el sol redondo a mirar la danza del vientre.

Y este tranquilo Dios que he descubierto
de repente,
se abrió el pecho despacio con su silbido de alas.

Se acabará el murmullo de esta historia
pero, antes
con la mano del viento agitada entre las ramas
la bóveda verde flotando como un sombrero entre limones,
habrá un revuelo de nombres,
saltarán los racimos de las urnas
y yo escondido, oscuro y solo,
contando las venas del tiempo
en el fondo de la noria solitaria.

Una red de orquídeas cuelga de la tarde,
los árboles desatan la memoria,
llenándome de espacio me borro como una sonrisa.
Alguien me llama,
y declarando su pequeño error,
las viejas encinas se inclinan,
se distraen.

La Ceiba Gardens

It was the smoky hour fanned by Angelus,
under the white shadow of the sky;
like bells in waiting
the naked princes closed the road to us.

The lone one, standing in his suit of leaves,
his eyebrow raised, an onyx finger at his lips,
was listening to the stars beginning to sing their memories.

There was a fluttering of arms and earrings,
a round sun coming down to watch the belly dance.

And this quiet God I've suddenly
discovered
opened his chest slowly with a whistling of his wings.

This story's murmur will come to an end
but first—
the wind's hand trembling in the branches,
the green arch floating like a hat in the lemon trees—
there'll be a rustling of names,
clusters of fruit will jump off the urns
and I'll be tucked away, obscure, alone,
counting the veins of time
at the bottom of a solitary well.

A network of orchids hangs from the afternoon,
the trees let memory go,
and filling myself with space I erase myself like a smile.
Someone is calling to me,
and the old oaks lean that way,
distracted,
declaring their little mistake.

Defiendo mis últimos sueños,
el camino frente a mí, la enredadera insegura.
La mesa y la silla y las copas se han movido en silencio.
La lluvia toca con desgano el galpón donde murió la familia fusilada.

El resto es un anochecer elegante,
una pista de baile vacía
como una luna donde tú y yo nos movemos con timidez
o una pirámide o una pareja deshaciéndose despacio.

I defend my last dreams,
the road before me, the vine climbing who knows where.
The table, the chairs and the glasses have been moving without a sound.
The rain reluctantly touches the shed where the family died by gunfire.

The rest is an elegant twilight,
an empty dance floor
like a moon where you and I move timidly,
or like some pyramid or a couple slowly coming undone.

Carta Magna

Sucedió que en tierra extraña pasé junto a unos álamos.
Y tú que estás tan lejos
apareciste de improviso con un ruiseñor de arcilla entre las manos.
Me detuve y pensé seriamente en tí y en tu ardiente soledad,
pero más bien estabas con ciertos ángeles de piedra conversando.
Y la luz del sol extendida como el fondo de un salar sobre las casas.
Los años caían de tus dedos como pétalos.

Me preguntaba entonces por qué al mirar una silla en la terraza
el hombre alcanza a ver a Dios y la ciudad desaparece.
¿Por qué se afana el árbol en perder sus años
y la tierra en dar espacio para que se abra la noche en tu regazo?
Si al final de cuentas habrá un vacío entre mis brazos
y el lugar donde caíste se llenará de pájaros
Supongamos que descanso en una casa
y apareces tú apagando las ventanas.
Pregunto solícito si el hombre debe ver en eso un símbolo
o esperar que el cielo se despeje.
¿Puede acercarse uno a ciertas cosas y en ellas sentir que has
guardado tu violencia?
¿Acercarse a un sofá de felpa roja, por ejemplo,
y dejarse consumir en llamas?
¿Hojear un libro y de pronto ver cómo saltan furiosos tus anillos?
¿Sentarse a una mesa blanca al borde del mar
y recoger temeroso tus cartas?
Quiero decir, crecer en un lugar del mundo
y vivir al mismo tiempo en otra parte
como una estrella que pasa a lo largo del agua
y permanece en el cielo callada.

Esto es amor de amante inseguro de sus manos y sus años
amor como el nuestro
de seres distraídos en la confusión de la tarde.
Tú con el rostro cansado, apoyada en la fuente de mármol
yo caminando por muelles y por sueños.

Magna Carta

It happened that in a foreign land I passed alongside some poplars.
And you who are so far away
suddenly appeared holding a clay nightingale.
I stopped and gave some serious thought to you and your ardent
solitude,
but you were really with certain stone angels having a conversation.
And the sunlight was stretched out over the houses as if reflecting a salt
mine.
The years were falling like petals from your fingers.

Then I asked why, when a man sees a chair on a terrace,
he can't quite make out God, and the city vanishes.
Why is the tree in such a hurry to shed its years
and the earth to make room for night to open in you,
if the space between my arms is at last to be empty
and the place where you were is to be filled with birds.
Suppose I'm resting in some house
and you appear darkening the windows.
With caution I ask if a man should see that symbolically
or simply wait for the sky to clear.
Can one get close to certain things and feel in them
your stored-up violence?
Approach a red plush sofa, for example,
and be consumed in its flames?
Or leaf through a book and suddenly see your rings leap off enraged?
Sit down at a white table by the sea shore
and fearfully collect your letters?
I mean, to grow in one part of the world
and at the same time live in another,
like a star crossing all the way over the water
and quietly staying in the sky.

This is the love of a lover unsure of his hands and his age,
a love like ours
of beings distracted by the afternoon's confusion.
You with your tired face, leaning on a marble fountain,
I wandering along docks and through dreams.

De pronto frente a mí y frente a ti
mi rostro y tu rostro ardiendo
hablándonos, gesticulando sin propósito, acusándonos.
Tú sacando de tu cofre de sándalo una triste enfermedad de infancia
yo soportando la mirada de un animal extraño.
Sin saber exactamente en qué espejo debemos encontrarnos
pero necesitados de ternura
como dos seres que al besarse fracasan.

Así, resulta fácil observar estos álamos en tierra extraña
y verte a ti, que estás tan lejos,
acostada o muerta con una rosa roja en la garganta.
Mirar una ciudad vibrando, limpia y clara
y saber que no en esta ciudad, sino en otra
has ovidado ya mi nombre, mi rostro, mi voz
acaso nuestra alianza,
que al recoger un vestido en la mañana
escoges el recuerdo de mi brazo,
que al buscar la luz fría y dorada del otoño
has visto desvanecerse mis espaldas,
que al rodearte de pinos mojados y fragantes
creíste ver un gesto de adiós en mis labios.

El hombre, como ves, vive de cierta absurda ilusión viajera.
Ante la vida y la muerte nada como un delfín entre dos aguas.
Escoge el lugar donde vivir no alcaza
y vienen los fantasmas oportunos
que yo enciendo y apago como si fueran lámparas o álamos.

Suddenly facing you and facing me
your face and my face aflame
and speaking, one to the other, gesturing pointlessly, accusing.
You taking some sad childhood illness out of your sandalwood box,
I bearing the gaze of a strange animal.
Not knowing in exactly which mirror we should meet
but needing to be gentle
like lovers whose kiss can undo them.

An so it's easy to look at these poplars in a foreign land
and see you, so far away,
lying down or dead with a red rose at your throat.
To see a shimmering city, clean and clear,
and know it's not in this city but in another
that you've forgotten my name, my face, my voice
and perhaps our alliance,
that picking out your clothes in the morning
you choose the memory of my arm,
that seeking the cold and golden light of autumn
you've seen my back disappear,
that surrounding yourself with moist and fragrant pines
you thought you saw a sign of goodbye on my lips.

A man, you see, lives on some senseless passing illusion.
Faced with life and death he swims like a dolphin between two seas.
He chooses a place that can't be lived in,
the proper phantoms come
and I light them and put them out like lamps or poplars.

Museo en Coyoacán

La hora no se dará nunca a conocer de inmediato,
es la campana un eco de mi mano en el aire,
tensa en el cielo azul, la luz nos espera.
¿Quiénes somos al entrar por estos caminos
que se acaban en una bandera agitada?
¿Cuáles sus colores de rojo y negro, el signo
suelto como el humo, claro y duro
a los pies del monumento?

Un ramo de árboles deshechos al mediodía,
eso somos. O será nuestra nave y en la nave algún altar.
La casa misteriosamente abierta,
liberada de un amor que, en otros años,
fue como el sol, cayendo pétalo a pétalo
sobre persianas por la silenciosa señora rescatadas.

Voy por grandes piezas que me vigilan.
Se fueron ya los viajeros desconcertados,
venimos de extrañas tierras
a dejar en las brasas nuestras bufandas,
las botas y los morrales bajo piedras marcadas por la sangre.
Pero, no hay nadie ya
el comedor se ha detenido de repente,
los cuchillos me siguen paso a paso,
la suave primavera, de pie junto al enrejado,
sopla su aliento de amapola.
En el escritorio todo habla al mismo tiempo
No hay nadie.
Un hombre inclinado afila sus anteojos,
cada círculo, una esperanza de libertad
y en la sombra, la pasión
un teléfono de cuerda,
sus rojas capas enarboladas en la oscuridad,
el bastón quebrado, un tintero y una flor de papel,
los estiletes mojados, y en la gaveta fragante a lilas
una pequeña anciana con su sombrero de paja.

Museum In Coyoacan

You never know exactly when the hour strikes,
the bell is an echo of my hand in the air,
tense in the blue sky, the light awaits us.
Who are we seeing out on these roads
that end in a fluttering flag?
What are its red and black colors, a sign
as loose as smoke, but clear and hard
at the feet of the monument?

A bouquet of trees undone at noon,
that's what we are. Or could this be a church and in the church some
          altar.
The house mysteriously open,
freed of a love which once
was like the sun, falling petal by petal
over blinds recovered by the silent lady.

I pass through big rooms that watch me.
The disconcerted travelers are gone;
we come from foreign lands
to leave our scarves in the fire,
our boots and our bags under stones spattered with blood.
But now nobody's here,
there's a sudden pause in the dining room,
the knives are following me step by step,
the soft springtime, standing beside the trellis,
breathes its poppy-breath.
In the study everything talks at once.
Nobody home.
A bent old man polishes his glasses.
each stroke a hope for freedom,
and in the shade, passion,
an antique telephone,
his red capes hanging in the darkness,
the broken cane, an inkwell and a paper flower,
musty letter-openers, and in the drawer smelling of lilacs
a tiny old lady wearing a straw hat.

Del escritorio a la muerte
nada más que un ojo de buey,
puertas de hierro macizo, el tiempo
encadenado a su destino de preso sin memoria.
La muralla sube como si el comando de granito y de cemento
quisiera romper el sueño, y decae.
Se llena de balas la pareja en su baile de gaviotas,
oigo sus pasos valseados por el corredor oscuro
donde gotea una garganta.

Insiste la mañana,
el infante da vueltas por el aire.

Nada, nadie,
por las enredaderas del jazmín sube a ciegas una araña.
Todo en silencio, los trajes colgados,
en los alminares vacíos las metrallas van perdiendo
año a año sus anillos.

El rojo anciano riega seriamente los geranios,
sentada en su tumba de agua y piedra
la viuda examina un viejo permiso para morir.

Alguna vez partieron los trenes hacia esta ciudad que nos olvida.

Pero, los jóvenes jardineros en camisa
insisten y levantan la bandera,
construyen su ligero sueño al amanecer,
remueven las cenizas,
una lámpara arde en la cama de greda.
Para los ancianos dormidos
es un fuego de ladrillos que aún no aprenden a cantar.

From the study to death
in the blink of an ox's eye,
thick iron doors, time
chained to the fate of a prisoner who can't remember.
The wall rises up as if the command of granite and cement
wanted to break the dream, but it's collapsing.
The couple in their sea gull dance is filled with bullets,
I hear their waltzing footsteps in the dark hall
where a throat is dripping.

The morning insists,
the heir turns around in the air.

Nothing, no one,
a spider climbs blindly up the tangled jasmine.
Everything silent, the clothes hung up,
in the empty turrets the machineguns go on losing
their rings year by year.

The old red gentleman seriously waters his geraniums;
seated on her tomb of water and stone
his widow inspects an old death permit.

Sometimes the trains set out for this city that forgets us.

But the young gardeners in shirtsleeves
insist and raise the flag,
building their light dreams as the sun comes up;
they stir the ashes,
a lamp still burns in the clay bed.
For the old people, sleeping,
it's fire of bricks that haven't yet learned to sing.

Casa de Frida y Diego

De bruces, en el húmedo patio de yucas y lilas
la pareja celebra en su envoltorio de cenizas
pequeños, inocentes juegos de la muerte
que el sol de invierno silencia soplando.
La niña es una sábana y el maestro su reflejo,
de su cintura cuelgan extasiados los muñecos
y el trapecio cruje en sus entrañas
Sobre la sábana han puesto una historia
de muletas, trenes, jazmines, edificios,
nada gime en este instante, la luz me observa
sentado entre las flores, manejando el pálido fuego
las hojas del humo, las últimas monedas del invierno.
Solamente el agua repite sus palabras,
escucho y comprendo, ella creyó en la vida
celebró con encajes de terciopelo cada sueño,
cubrió de venas abiertas su propio silencio,
entre ella y su hermana tejió un corazón
y lo dejó gotear. En cambio,
de espaldas al tráfico de aviones
besando está él a su becerra y besando la oscuridad
que destapa el cielo. Allí están sus botas, su bastón,
su desolado sombrero,
sus hombros hechos a la costumbre de dormir,
ya sin párpados, sonriente, despeinado,
quiso dominar y amó,
pintó de barro el fondo de la cama.
No queda nada,
un poco de tierra negra mojada
la respiración de una manguera
el pelo de Frida sobre las matas,
pequeños pies de ídolo,
verdadero ocio del día
alguna cara entre la greda de los catálogos.

The House of Frida and Diego

Face down, in the humid patio of yuccas and lilacs
the couple inside their vault of ashes
plays innocent little death games
which the winter sun silences with a breeze.
The girl is a sheet and the master her reflection,
delighted puppets dangle from her waist
and the trapeze crackles in her belly.
On the sheet they've set a history
of crutches, trains, jasmines, buildings;
nothing is moaning at the moment, the light observes me
sitting among the flowers, pale fire managing
the smoky leaves, winter's last coins.
The water alone repeats itself,
I listen and understand; she believed in life
and kept every dream in a velvet case,
she covered her own silence with free-flowing veins,
between herself and her sister she wove a heart
and let the drops fall. And he
with his back to the air traffic
is kissing his little lamb and kissing the darkness
the sky uncovers. There are his boots, his cane,
his lonesome hat,
his shoulders hunched in sleeping position,
no eyelids now, smiling, his hair in a tangle,
he wanted to rule and he did love,
he painted the bottom of the bed with mud.
Nothing's left,
a bit of damp black earth,
the breath of a garden hose,
Frida's hair on the bushes,
little idols' feet,
the day's real leisure,
some face amid the clay of the catalogs.

II

Juegos infantiles

Jugar o no jugar a cierta edad
de nuevo es empezar un largo duelo
abrirnos con sigilo los desvelos
sentir que ya nos sangra la orfandad.

Sacarnos una cara en soledad
y hablarles de rodillas a los ciegos
en muerte simular un gran sosiego
mientras toma medidas la verdad.

Jugar o no jugar es ocultar
el ser que preferimos en la huída
sacarlo poco a poco a respirar

el soplo más tranquilo que se anida
en el doble lenguaje que es llamar
a la muerte un apodo de la vida.

Children's Games

To play or not to play at a certain age
is to begin again an endless ache,
baring ourselves to ourselves, staying up late
and feeling orphaned, lonesome, weeping blood.

To find a face deep in our solitude
and speak to heaven from the knees of youth,
to lie down quietly playing dead
while being measured by the truth.

Playing or not playing is like hiding
and seeking the hidden self we love the best,
taking it out a little at a time

to breathe the gentle air that makes its nest
in the trick tongue whose double rime
turns life into a nickname known as death.

El rey y el turista con sus niños en la playa

Al mar en su corcel de vidrio rojo
condujo el rey a su alba compañía:
—No quiero, no, del aura los despojos,
gritó a su clan de obispos salvavidas.

—Quisiera en cambio interrogar al flojo
edecán de la luz al mediodía
y borrar con cometas los abrojos
del solar que entre rocas me convida.

Saber qué mundo nace y se retira
qué lengua asoma en la marea plena
qué araña oscura al astronauta inspira,

qué esfinge en su destino me envenena.
—Señor, el mar es muerte a la deriva
y el niño, vida en su cuartel de arena.

The King and the Tourist with Their Children on the Beach

Down to the sea on a prancing red glass steed
the king commanded his entourage at dawn:
«No, I don't want to steal the morning's food,»
he yelled to his bishops with their lifejackets on.

«I'd rather interrogate that good-for-nothing
aide-de-camp in the full light of noon
and burn the thistles off that vacant lot
with falling stars: it's land I want to own.

To know what world is born and then withdraws,
what tongue is sticking out of the high tide,
what dark spider inspires the astronaut,

what sphinx injects me with its destiny.»
«Sir, the sea is death that can't be caught
and life, a sand house sheltering a child.»

Tahoe

Lago de fuego que abre la montaña
al transparente mundo enardecido,
muestras el siglo a quien no ha comprendido
la cifra exacta que envolvió la hazaña.

En el fragor que pronto te ha inhibido
para crear calor de antigua daga,
llego a buscar pasión en nueva llaga
de extraño amor aún no recibido.

Jamás me diste luz de un cielo abierto
ni la señal del bien inesperado
para el ojo de vidrio solapado

que ya es victoria de saber incierto.
Como un velero llegarás a puerto
dando a mi muelle el ser de lo creado.

Tahoe

Lake of fire open in the mountain
to the transparent blaze of the burning world,
you flash the century's signals for a person
who can't make out the meaning of its code.

Into the noise that drove you to distraction
all for the sake of heating an old blade,
I come in search of new wounds for my passion
in a strange love that I have never had.

You never gave me the light of an open sky
nor any sign of what I never expected
catching me by surprise in the glass eye.

So that's the advantage of not quite seeing:
you glide in like a sailboat undetected,
unloading on my dock created being.

Palabras en el sepelio del General Luco

¡Se sabe bien! ¡Se ha dicho en tantos tonos!
La luz, el mar, los ríos, total cero,
abriendo puertas mueren los porteros
durmiendo se desangran los otoños.

Helado queda el parque, estamos solos,
tranquila el agua se acapara el cielo,
subido el General en un ciruelo
tijera en mano, sabio, poda el trono.

De prontó sé que el árbol es quien clama
veloz al General en una rama,
diciendo adiós en tarde iluminada.

«Cuidado con el pie que deja al mundo,»
le dije al presentir que dando tumbos,
absorto era su vida que podaba.

Words On the Burial of General Luco

It's well known! It's been said so many ways!
The light, the sea, the rivers, the same zero:
doormen drop dead opening their doors
and sleeping autumns bleed down to their marrow.

The park is freezing, here we are alone,
the water quietly contains the sky,
the General has climbed up in a tree,
shears in his hands, to calmly prune the crown.

All of a sudden I know the tree is calling
a warning to the General on a limb,
who says goodbye to me as night is falling.

«Be careful when your feet are off the ground,»
I said, but he was walking on the wind
and had already cut his own life down.

Washington D.C.

Recuerdo esta ciudad hecha de flores
vecina a un ancho río de cemento,
sus atrios, sus iglesias con motores,
suspiran en la luz sus monumentos.

Sus gentes se alimentan con espadas,
los novios se acarician con pistolas,
la Corte plena entrega su mesada
a muertos que sonriendo forman cola.

Encinas, madreselvas y magnolios
son techo de esta blanca democracia,
va Dios en ascensor al Capitolio

A ver la floración de la autocracia,
da fe y santo incienso al portafolio
y el negro cuelga lento de una acacia.

Washington, D.C.

I remember this city made of flower
poised on the banks of a concrete river,
its porches and its motor-driven churches,
its monuments all breathing in the light.

People who live there feed themselves with swords,
lovers caress each other with their guns,
Congress jointly hands out an allowance
to the grinning dead who wait in line.

Honeysuckle, oak trees and magnolias
are the ceiling of this white democracy,
God takes an elevator to the Capitol

To watch the flowering of autocracy,
His blessings rain on the portfolio
and the black man hangs from an acacia tree.

Pablo, I

Soplando triste y ronco entre los labios
como una quena en playa abandonada,
asoma el mar su lengua ya cansada
buscando el corazón de acordes varios.

Llenó de luz las piedras imantadas,
vivió de arenas siempre conmovido
fugaz, como remero ya vencido
la noche en alto brazo enarbolada.

De azul pintó la faz desconocida,
cedió ya el mando en su coral de estrellas,
volcó en la nieve sombra de su huella

cortó con fe la rueda de los días.
Las puertas de Isla Negra cierra y sella
la boca de la muerte con su vida.

Pablo, 1

Breathing sadly and roughly through its lips
as through some flute abandoned on a beach,
the sea sends its tired tongue licking in search
of the harmonious heart that keeps the beat.

It fills all the magnetic stones with light,
living it moves on always shifting sand,
night is a rower with exhausted arms
reaching tangled branches toward the land.

It has an unknown face it painted blue,
it takes its choral orders from the stars,
it spills a shadowy trail in melting snow

and stops the wheeling of the faithless days.
The doors of Isla Negra close and seal
death's mouth with the air of a sea-man's life.

Pablo, 2

Como hace el universo un artesano,
de arcilla y cielo y en metal urdido,
así sopló su nave enfurecido
con nieve, espuma y el granizo en mano.

Forjó en mar un volcán araucano,
islas chilotas y corral florido,
sacó del agua de Angelmó, ya hundido,
la blanca ruina de un temblor lejano.

Le dio al país cintura enajenada,
creó el maíz, la estrella y la albacora,
fundó su mar nadando en madrugadas,

dejó un collar de vidas en las olas.
Pulió, por fin, el alga aprisionada
y en jaula se murió con Chile a solas.

Pablo, 2

Just as a craftsman builds the universe
of pounded metal and of clay and sky,
that's how his stormy ship was kept on course
through sheets of hail and snow and flying spray.

He shaped his own volcano in the sea,
raised spicy islands and a flower garden,
drew the white ruin of a long lost quake
out of the sunken depths of flowing water.

He gave a wandering waistline to his land,
created corn and stars and albacore,
founded his ocean swimming before dawn

and left the waves a necklace of his lives.
Finally, he polished the trapped kelp till it shone
and in a cage with Chile, died alone.

III

Mesoamérica

En los comienzos del mundo la pista de aterrizaje se llamó Tikal.

Los hombres de maíz jugaban por la tarde
contra los Tigres del Norte.
En el comienzo fue entonces
una serie mundial aparatosa.

Los Medias Blancas vinieron a batear sus calendarios
y los muertos se hicieron ríos.

La familia posa para Dios.
Pero el caballo de jade sigue galopando por el fondo
de la Laguna de Alvarado.

Como iba diciendo, Tikal nació de la niebla espesa
y campanas llamaron campanas.

La piedra del tiempo se cubre de cicatrices y de siglo.
Pero sobre la mesa del templo salta un corazón.

Ya renació el vino
y busco mis raíces en un seno oscuro,
de pie entre sacos tranquilos.

Visito plazas, carreteras y mercados,
cuarteles, momias,
bellezas naturales.

Escojo países en desorden, capitales de azúcar, presidentes
nevados.
Asisto a bautizos y temblores, frecuento pompas fúnebres,
canódromos vacíos
y bellezas naturales.

Mesoamerica

When the world began the airstrip was called Tikal.

The corn men played all afternoon
against the Northern Tigers.
In the beginning then
was a world series with all the trimmings.

The White Sox came to bat their calendars
and the dead turned into rivers.

The family strikes a pose for God.
But the jade horse keeps on galloping along the bottom
of Alvarado Lagoon.

As I was saying, Tikal was born in a thick fog
with bells calling out to bells.

The stone of time was gradually covered with scars.
But a heart keeps leaping on the temple's table.

Now wine was reborn
and I look for my roots in dark breasts
standing amid contented sacks.

I visit plazas, highways and markets,
barracks, mummies,
beautiful scenery.

I pick the messed-up countries, sugar capitals, snowcapped
presidents.
I attend baptisms and earthquakes, I frequent the best funerals,
abandoned dog tracks
and beautiful scenery.

La rueda de los años se llena de sangre.
Almuerzo en la quebrada del humo donde se cuecen las cabezas
de chanchos tricolores.

Sigo la ruta de los héroes pisando con pie de plomo,
un aviso luminoso se enciende y apaga en el Izalco.

La guardia cambia cada cinco siglos generales
algunos meses coroneles.
Pero las momias venden sus tamales.

Estos sabios de la tortura lo saben todo,
filósofos del machete
cargados de mulas y medallas.

Bellezas naturales: las vacas se agrupan como jugadores
bajo el travesaño.

Se alquila un mariachi de pulpos en la esquina.
Y el gallo en chicha salpica la mañana y canta para adentro.

The wheel of years fills with blood.
I eat lunch in the smoky rubble where the heads of
the threecolored hogs are making faces.

Walking on eggs I follow the route of the heroes.
A luminous warning blinks on and off on Izalco.

The guard changes generals every five centuries
and colonels every few months.
But the mummies sell tamales.

These masters of torture know it all,
They are machete philosophers
loaded down with mules and medals.

Beautiful scenery: cows clustering under the goal posts.

An octopus mariachi is for hire in the corner.
and The *coq au vin* splashes the morning and crows inwards.

Los inventores del país

La primera vez pernoctamos en mesetas,
en lunas descargadas como sacos sobre el lago de los muertos;
dormimos en la Plaza del Libertador
en camas de bronce oscuro repitiendo el silbido de la hojarasca,
mientras rojas las calandrias
cantaban su coro de grillos y atambores,
y los corredores de sangre abríanse en silencio
con blanco espanto frente al espejo de la Gobernadora,
toda ella de cintas y esperma de ballenas
sobre su trono rojo, rasgada como una sandía
al fondo de la alberca sonrosada,
perla entre dos labios desangrándose en la horca,
luna de vientre tostada como el sol en los escudos,
pero sin lanza, tan solo un infante de pie en sus entrañas,
asomándose entre pelos y cortinas de agua
dispuesto al combate final,
acostumbrado ya al toque lívido de los cuchillos,
con los ojos cerrados, la barba negra entre los dientes;
y tú, luna estremecida en la meseta andina, sumergida y resonante,
botella quebrada, abierta en toda tu nieve y todas tus flores,
colgada sobre el andén del templo sagrado
tocando a rebato, estirada entera,
campesina ancha, guerrera, tibia y decidida,
desafiando a los arcabuces, redonda y suelta
entre las balas que te llevan por los aires,
pandereta inmóvil que no permite el paso del tiempo.

Inventors of the Country

The first night we camped on plateaus,
on moons thrown out like sacks over the lake of the dead;
we slept in Plaza Libertador
in dark brass beds rustling like leaves,
while the red larks
sang their chorus of crickets and percussion,
and the corridors of blood were silently opening
with white fright facing the Governor's mirror,
she of the sashes and the sperm of whales
on her red throne, ripped open like a watermelon
at the bottom of the blushing pool,
a pearl between two lips bleeding on the gallows,
moon of the womb toasted like the sun on shields,
but without the spear, just a child-prince standing in her belly,
sticking out his head between hair and curtains of water
ready for the final combat,
already used to the knives' livid touch,
with his eyes closed, the black beard between his teeth;
and you, moon trembling on the Andean plateau, sunken and echoing,
a broken bottle, open in all your snow and all your flowers,
hanging above the platform of the sacred temple
ringing the alarm full and whole,
strong farm woman, fighter, warm and determined,
defying the rifles, round and at ease
among the bullets headed your way,
a still tambourine keeping time from passing.

Carta de relación

Que su merced recoja el viento de estas páginas,
la ráfaga ardiente y tanto como el cristal en su movimiento
airado, victorioso, popular
revuelve y descanse en sus manos
como un álbum de hojas de plátanos,
mientras las columnas entran ya a la cibdad
y de las torres asoman banderas
y se atraviesan en el aire sombras de un incendio antiguo,
prístinas lanzas del colihue real.
Que en vuestra corte de infantes y generales
las damas guerreras, con tibia y con peroné,
besen la estrella mañanera del circo nacional,
y en el tanque el comandante cante
su juramento al pájaro sin alas.
Así, en ofrenda de victoria, lealtad y salud a la discordia
este pueblo de América os devuelva a la historia
rodando entre aerolitos por siglos de bengala.
Que el pueblo, de pie sobre la catedral,
bendiga la piedra, el comal y la artesa
y aplique su antorcha al basural de medallas
y observando los hoyos donde enterrásteis
esos ojos que hoy alumbran vuestra carretera
se levanten las campanas y os cuelguen del sol.
Que por una derrota nos llovió ya la victoria
y por cada preso que recibió una de cal y otra de arena
florece hoy un joven pastor
florecen las madres guerrilleras
florecen los ancianos cargados de tomates
y el gallo canta
sacudiéndose la sangre.

Report to the Ruler

May your majesty gather the wind of these pages,
the blazing gust like glass in motion
angry, triumphant, popular,
may it flutter and come to rest in your hands
like a family album of banana leaves,
while the regiments are entering the city
and flags are hung from the towers
and shadows of an ancient fire crisscross in the sky,
pristine lances of the royal reed.
In your court of princes and generals
may the lady soldiers on their knees
kiss the morning star of the national circus,
and in his tank may the commander sing
his oath to the wingless bird.
And so, in an offering of victory, loyalty and a toast to discord,
may this people of America place you in history
rolling among meteors through centuries of rockets.
May the people, standing in the cathedral,
bless the stone, the *comal* and the washtub
and putting the torch to the junkheap of medals
may they see the holes where you buried
those eyes that now light up your highway.
May the bells rise up and hang you from the sun.
Because for each defeat we are showered with victory
and for every prisoner six feet in the ground
a new young shepherd blooms
guerrilla mothers bloom
old men loaded down with tomatoes
bloom
and the rooster crows
shaking off the blood.

La fuente de la juventud

El hombre lleva pequeños hombres en dos esferas
respetables y antiguas
tristes son tristes como campanas rotas
dos candelabros mustios
ecos en la voz del náufrago
dos esferas de materia gris
y una pluma de ángel
dos planetas colgados
sacristanes mansos
dos perros ciegos
que serán degollados.

Le pertenecen al hombre
pero mueren antes que el hombre.

Dos pétalos son y entre pétalos dos semillas
dos corolas espesas entre flores de venas.
¿Dónde están los ojos y los oídos
dónde el primer llanto?
Guerreros antiguos son al pie de una pirámide
racimos o estrellas
colgando como duraznos de oro al borde de la muerte
dos almas en pena para el blanco abismo de tus manos.

¡Oh los palomos fiscales
que el verdugo conduce al sacrificio!

Dos puñados de pólvora son
y tu cuerpo una iglesia
dos gotas de sangre
como dos soles amanecidos junto a tu puerta.

The Fountain of Youth

Inside him a man carries little men
in two old respectable spheres
they're sad with the sadness of cracked bells
a couple of musty candle holders
echoes in the depths of a shipwreck
two spheres of gray matter
and an angel feather
two hanging planets
tame sextons
two blind dogs
who'll lose their heads to the blade.

They belong to this man
but they die before he does.

They are two petals and between the petals two seeds
two thick corollas between veiny flowers.
Where are their eyes and ears,
where the first sob?
They are old soldiers at the base of a pyramid
clusters of peaches or stars
hanging like golden fruit at the edge of death
two souls in pain for the sake of your hands' white emptiness.
Oh the fiscal pigeons
led by a hangman to the sacrifice!

They are two handfuls of dust
and your body a church
two drops of blood
like two suns dawning by your door.

La caída de un obispo

Que repiquen las campanas
El obispo viene volando
sacudiendo las alas en la madrugada
declarando a voces el terror nocturno
perdiendo lentamente sus ropas en la caída.

El obispo saluda como saludan los valientes.

Las almas del purgatorio buscan su silla en el zaguán.

El obispo es una manzana de jade,
le brillan las costillas cuando sonríe
y cuando sonríe la lengua le estalla en llamas.
Obispo, obispo, tapado con albas servilletas
el amor es un cordón de aceite que va desde el vientre a la capilla.

Repicando está el sol
escondido entre los muebles
dudando ya del saber, sin taparrabo ni tabaco.

El amor se llena de una leche espesa
y la mañana cae de plano en los baldes de la pastora.

Si yo fuera verdugo arreglaría los cojines
en una jofaina de plata
la blanca mano recién cortada.

¿Por qué buscan los pastores la edad de oro
y no cuentan los malhadados sus corderos?

Y en el medio del río tú sentada como un brasero ardiendo.

La pequeña venganza queda a nuestra disposición.
Nos servimos los meses del año en un vaso
como una triste ilusión de novia ensangrentada.

The Fall of a Bishop

Let the bells ring.
The bishop comes flying
shaking his wings in the first light
speaking in tongues of the nocturnal terror
slowly losing his clothes in the fall.

The bishop is waving like the brave do.

The souls in purgatory look for a seat on the porch.

The bishop is a jade apple,
his ribs shine when he smiles
and when he smiles his tongue breaks out in flames.
Bishop, oh bishop, covered with lily-white napkins
love is an oily rope running from his guts to the chapel.

The sun is ringing
hidden in the furniture
unsure of what it knows, minus its loincloth and tobacco.

Love fills up with a thick milk
and morning falls flat in the country girl's buckets.

If I were a hangman I'd arrange the cushions
in a silver bowl
under a freshly cut white hand.

Why do shepherds still look for the golden age
and why don't the wretched count their sheep?

And you sitting there like a burning coal in the middle of the river.

We still have a little vengeance left.
We serve up the months of the year in a glass
like the sad illusion of a bleeding sweetheart.

Hemos comido demasiado:
una menta por ahí, un vientre por allá
una que otra carcajada
los tangos de Gardel.
Se me ha caído una pierna
una frasecilla en latín, una mirada en francés
en fin
sobre el pubis de la desdichada.

¿Y por qué de pronto comienzan a moverse las copas en la mesa?
¿Y por qué hacia ella? ¿Y por qué es todo predestinado y fijo
y feroz y desnudo?
¿Qué es la muerte?
La mirada torcida del emir en su baño de asiento.

Caen los sargentos del parrón
todo se ilumina.

No buscamos ya la madrugada a la vuelta de una esquina
la buscamos en su frente, en sus manos crispadas
en las sillas por el suelo, en la mujer de bruces
en el vino del ermitaño, en la bandera negra del fotógrafo
en la luz aposada en tu vientre
en el blanco seno que sube por la muralla
en la resignación de los suegros
en los pantalones a caballo sobre el bidet
en tu cabeza cortada
en la pregunta final.

¿Y dónde queda el cementerio de los pájaros?

Y en tu respuesta:
Te amaré a la caída de un obispo.

We ate too much:
a creme de menthe over here, some pussy over there
one good laugh or another
Gardel's tangos.
One of my legs fell off
a little Latin talk, a last French
look
over the mound of the miserable one.

And why are the glasses moving around on the table?
And why in her direction? And why is it all set up in advance
and fierce and stripped bare?
What is death?
The twisted look of the emir in his sitz bath.

The sergeants are falling off the trellis
and everything's lit up.

We don't look for dawn around the corner anymore
we look in his face, in his twitching hands
in the overturned chairs, in the woman flat on her face
in the wine of the hermitage, in the photographer's black flag
in the sheltered light of your belly
in the white breast climbing the wall
in the resignation of fathers-in-law
in the pants straddling the bidet
in your lopped-off head
in the final question.

And where is the cemetery of the birds?

And in your answer:
I'll love you at the drop of a bishop.

Donde lloran los valientes

Rodeado de animales
sonriendo
sentado a la diestra del Padre
considerando la tristeza de acuario que reina en este mundo,
oídme bien:
Otra botella para el campanero que remece la tarde.

¡Pasan tantos peces por el vino,
tantas suaves estrellas que olvidaron
tanto pulpo soplando terciopelo
botando sus lunares en estos tristes bares!

Es porque usted llora en su mesa
y los hombres no lloran, compañero.

Es porque bebo directamente de su costado
y a usted le duele que se apague el mundo
se cubran de cielo estos mármoles
y caigan como dados los últimos garzones.

Nos observa alguien que desciende de una lámpara.

Es preciso que el sol agite sus plumas en el vino
y veamos en silencio el historial de nuestra casa.

Sabe a soledad.

¿Por qué se van los señores de capa y bastón por una alameda en
llamas?
Arrastran el poncho, es cierto, ordeñan las parras
aúllan siguiendo la humareda del Angelus.

Usted lo dice de rodillas, con el oído pegado al suelo.
Pero ¿no siente las violetas, los pájaros, la lluvia en el parrón
todo como volándonos en la garganta?

Es porque usted me bebe directamente del costado
y me duele y nos duele.

Where Brave Men Weep

Surrounded by grinning
animals
sitting at the Father's right
swimming in our mind in the aquarium sadness that rules the world,
listen to me:
Another bottle for the bellringer who swings the evening.

So many fishes pass through the wine,
so many soft stars that forgot
so many octopuses blowing out velvet
throwing off their spots in these sad bars!

Because you're crying into your table
and men don't cry, my friend.

Because I'm drinking straight from your side
and it hurts you that the world's going out,
the heavens are covering these marble slabs
and the waiters are rolling like dice.

Someone comes down from a lamp to look us over.

The sun has to beat its wings in the wine
and we, unspeaking, have to see the story of our house.

It tastes like solitude.

Why do those best-dressed gents go off like that down the avenue in
        flames?
They carry a blanket, that's for sure, they milk the vines
they howl behind a smokescreen of churchbells.

You say so on your knees, with your ear to the ground.
But can't you feel the violets, the birds, the rain on the grapes
all on the wing in our throats?

It's because you're drinking straight from my side
and it hurts me and it hurts us.

Levántese de esas tablas mojadas
¿No ve que molesta a la dulce familia?
Los niños observan turbados el sagrado corazón que empieza a gotearle
en el chaleco.
Por este mundo que ahora está quemándonos.
Beba su vino.
Beba tranquilamente los terrores del verano.
Y cállese.

La vida también aprovecha sus descuidos.

Por ejemplo,
cae una mesa.

La niña vende ojos de cristal en una caja de zapatos.
La muerte borra calladamente sus manchas.
Crece el vino de los barrios.
De pronto estamos todos como buenos hermanos
alrededor de una bella ciudad en primavera.

Los almacenes se cargan de frutos amarillos
y es el Padre quien nos llama sentado en su silla de paja.
¿No oye usted al jubilado cantando como un triste gallo en la alborada?
Dejemos que golpee ese extraño alguacil su penitencia en los platos.
Pide salvación, pero no se decide el maldito.
¿No le ha visto entrar varias veces,
de a poco,
provocando, fresco y sabio como un cristal que se burla,
como una hiena insegura, como un inspector de penas
indeciso, sin pestañas, pasando de una mano a otra,
eternamente,
el tinto y el blanco?
¿Que quiere? ¿A dónde va? ¿De dónde vuelve?
¿Por qué entra cada cierto tiempo a beber su sangre y la mía?
¿A qué barra pertenece?
¿A la selección morada de los insomnes
vampiros moribundos que toman fotos en el parque?
Me da una rabia.
¡Y, sin embargo, la vida!

No se caiga de la silla, compañero.

El piano recibe la lluvia como un balde.

Get up off those wet floor boards.
Can't you see you're upsetting the nice family?
The sight of the bleeding sacred heart on your vest
is bothering the children.
So drink your wine
to this world now burning us.
Drink the terrors of the summer calmly.
And hold our peace.

Life too makes good use of its mistakes.

For example,
a table collapses.

The little girl sells glass eyes in a shoebox.
Ever so quietly, death cleans up its stains.
The neighborhood wine level rises.
Before you know it we're all like brothers
around some beautiful city in spring.

The shops are loaded down with yellow fruit
and it's the Father on his straw seat calling us.
Can't you hear the old man crowing at dawn like a sad rooster?
That strange patrolman is beating out penitence on his plate.
He's asking for salvation but he can't decide.
Haven't you seen him come in here before,
on the sly,
provoking, cool and wise like a trick window,
like an insecure hyena, like a sorrow inspector
who can't make up his mind, his eyelashes gone, eternally
passing the red and white wine
from one hand to the other?
What does he want? Where's he headed? Where's he coming from?
Why does he come in here to drink our blood?
Who's he rooting for?
Is he with that group of purple insomniac
dying vampires taking pictures in the park?
It makes me furious.
And yet, it's life!

Try not to fall off the chair, friend.

The piano is catching the rain like a bucket.

Puede ser que ahí esté la razón de tanto olvido.
Y tanta angustia.
Así, pues, la noche blanca, las últimas estrellas,
la esperma que deja sus flores de sangre entre las sábanas.

No he pedido nada.

¿Por qué llama?
Quisiéramos vivir de nuevo.
¿Es todo lo que se le ofrece?
Acaso he pedido una antigua amiga,
ésa que daba su aliento a los helechos del río
la que salía de azules cartulinas quitándose los guantes,
no era sino un vestido soplado por lentas caracolas
unas hojas de música
octubre o diciembre.

Ha pasado rodando un cartero.

La conciencia es un saco de arena
saber que se ha perdido la familia
que me ven que no me ven que los veo
y se han sacado la boca y me la entregan.

Usted no escucha.
¿Quién escucha ya?
A esta hora, a los sesenta y tantos años de edad,
tendido en una ambulancia gris.
Mirándome
pasa algo que se parece a mí.

Deje florecer ese jarro.
No lo toque.
El borgoña es un árbol de verano.
Que salgan los dedos del vino
la garganta morada de la vida
y el vino comience a crear el mundo otra vez.

Debo salir.

Dios no tiene tiempo de esconderse.

Maybe that's the reason we forget so much.
And there's so much anguish.
And maybe that explains the white night, the last stars,
the semen leaving its bloody flowers between the sheets.

I haven't asked for anything.

Why are you calling?
Maybe we could try living again.
Is that all you need?
Could be I was asking for an old girlfriend,
the one who breathed life into the ferns by the river
the one who rose out of blue cardboard taking off her gloves,
she was nothing more than a dress inspired by slow snails
some sheets of music
October or December.

A letter carrier just rolled by.

Conscience is a sandbag
when you know you've lost your family
now they see me now they don't see me now I see them
and they put their words in my mouth
You're not listening.

Who'd be listening at this point?
At this time, at sixty-something years old,
stretched out in a gray ambulance.
Something that looks like me goes by
looking at me.

Let that pitcher flower.
Don't touch it.
Burgundy is a summer tree.
May the fingers of the wine let go
of life's purple throat
and may wine begin to create the world again.

I must go out.

God doesn't have time to hide.

Volveré con otros animales
desplomando el domingo sobre la cordillera rosada
preguntando
porque somos una pelota dorada como usted dice.

Debo salir.
No me para nadie.

Piense en el pastor que se fue por un laberinto de lagares
así, estrellándose en la noche
destapando corchos con la boca
arrancándose viejos hongos del pecho.
Oiga.
Un viento airado azota el urinario
agua de la edad de oro resbalando como una mano por el mármol.

En su silla de paja el púgil pasa las toallas
agradecido de la vida
tirando la cadena.
¡Cómo se defiende este hombre del chal rojo!
Tiene pegadas en la cara algunas cosas
su memoria y la mía.

Dios espera dándole cuerda a su reloj
y el triste ciruelo deja caer sus ampolletas.

Se ha degollado un lustrabotas.
¿Para qué?
Así es que el hombre no es más que una manga de paño
una cabeza de vino tinto
un sordo rocío
algo triste, pero algo de repente
pensando.
Y se fue otra vez la vida y otra vez vuelve en un vaso.

Beber es saber.

¿Quién eres?
El hombre repetido algunas veces
perdiendo terreno, morado y palpitante
sujetándose el cielo con las manos

I'll come back with the other animals
collapsing on Sunday over the pink mountains
asking questions
because we're a gold-plated ball just like you say.

I must go out
No one can stop me.

Think of the shepherd who wandered off into a labyrinth of winepresses
just like that, breaking apart in the night
pulling out corks with his teeth
digging old mushrooms out of his chest.
Listen.
An angry wind is whipping through the urinal
water from the golden age sliding like a hand over marble.

On his straw seat the boxer hands out towels
content with life
pulling the chain.
That guy with the red shawl sure knows how to defend himself!
Stuck to his face, a thing or two:
your memory and mine.

God waits winding his watch
and the sad plum tree drops its lightbulbs.

A bootblack cut off his head.
For what?
So a man is nothing but a sleeve to cry in
a head full of red wine
a muffled drizzle
something sad, but something suddenly
thoughtful.
And again life got away and again comes back in a glass.

To drink is to understand.
Who are you?
Man repeated several times over
losing ground, purple,
holding up the sky with his hands

Prefiero inclinarme y beberte
no reparar en tu violencia
dudar de tu sombra en la pared
borrar con un gesto final a los extraños.

Ya están cerrando el mundo.

El vino es un ángel chorreado batiendo alas.

Parroquianos de esta vida que va aclarando
¡A volar por el tragaluz!

I'd rather lean over and drink to you
than dwell on your violence
or doubt your shadow on the wall
or erase what I don't understand with a wave of the hand.

Now they're closing the world.

Wine is a soaked angel shaking its wings.

Customers of a life that keeps getting clearer
Out through the skylight!

IV

De los desaparecidos es el reino de la tierra

Pero los desaparecidos comienzan a volver
y vuelven en taxi, en ambulancias,
en autobuses y camiones,
por el río y por el parque
cordillera abajo.
Entran a las calles ardiendo,
gritando palabras sin voz ,
mostrando con el índice el hígado del tirano.
Salen de la noche más sabios,
desangrados, incrédulos, largos
como la hora que dejan atrás.
Hacen señales alarmantes,
llegan corriendo sin hacer ruido,
como si la niebla les borrase el pavimento,
codo a codo, estos muertos protestantes,
con hoyos en la frente y en el pecho,
saltando por la ciudad con muletas invisibles.

Pero los invisibles vuelen a aparecer:
de los helicópteros a las rocas,
de las rocas a los helicópteros,
desde el mar a los tiempos sin fondo
de bóvedas, de bancos y de iglesias
de rectángulos de mimbre y jaulas de acero,
de pozos sépticos y hangares eléctricos,
de bodegas de barco y de trenes,
abriendo tumbas con las uñas,
polvosos y sangrientos, cargando sus aguas funerarias.

Pero gritan dando golpes en puertas y ventanas,
alborotando a la muerte con cacerolas de huesos.
Siguen al general y se le meten a la cama,
se sientan en su mesa, le vomitan sangre en las rodillas,
son su séquito en la misa, se le hincan en los hombros,
vuelan junto a su helicóptero aleteando con astucia.

The Disappeared Will Inherit the Earth

But the ones who disappeared begin to come back
they come back in taxicabs, in ambulances,
in buses and trucks,
by way of the river and through the park,
down from the hills.
They come burning into the streets,
crying their voiceless words,
forefingers pointing at the dictator's liver.
They come wiser out of the night,
bled dry, incredulous, long
as the time they leave behind.
They make alarming signals,
they come running making no sound,
as if the fog erased them from the pavement,
shoulder to shoulder, these protesting dead,
with holes in their foreheads and chests,
springing through the city on invisible crutches.

But the invisible ones turn up again:
from the helicopters to the rocks,
from the rocks to the helicopters,
from the sea to the botomless times
from vaults, from banks and from churches
from wicker enclosures and steel cages,
from septic tanks and electrical hangars,
from the holds of ships and trains,
opening coffins with their fingenails,
dusty, bloody, full of embalming fluids.

But they shout pounding on doors and windows,
shaking up death with pots and pans of bones.
They follow the general and climb in his bed,
they sit at his table, they vomit blood on his lap,
they are his retinue at mass, they stick to his shoulders,
they fly beside his helicopter fluttering shrewdly.

Pero entonces los invisibles ponen sus bombas en las torres
arena en los motores.
Cierran el comercio.
Esconden el cobre.
Se declaran en quiebra.
Suben los precios.
Se declaran en huelga.

Los desaparecidos disparan sin parar
las bajas son su sedimento.
Los invisibles se toman el poder.
Somos mayoría, proclaman,
y llegan desde minas, puertos y montañas,
de ciudades, aldeas, islas y desiertos,
por el mar y por el cielo,
atropellándose con sus restos de cal y ladrillo,
el paso firme, el esqueleto al frente,
quemados, quebrados, cenicientos,
esgrimiendo picanas, disparando metralletas,
envueltos en gases lacrimógenos
y baten sus tambores, levantan sus banderas,
sus gruesos paredones,
se hacen justicia con bondad de cadáveres
y erigen el último monumento de la historia,
un arco invisible al general que desapareció.

But then the disappeared plant their bombs in the watchtowers,
sand in motors.
They close up shop.
They hide the copper.
They declare bankruptcy.
They raise their prices.
They go out on strike.

The disappeared keep on shooting
they leave their dead behind.
The invisible people take over.
They declare themselves in the majority
and come up out of the mines, from the ports and the mountains,
from cities, villages, islands, and deserts,
out of the sea and the sky,
stampeding with their remains of mortar and brick,
with a strong stride, led by a skeleton,
burned, broken, rotted away,
brandishing spears, firing machineguns,
wrapped in tear gas
and beating their drums, they raise their flags,
their solid walls,
they deal out justice kindly as cadavers
and put up history's last monument,
an invisible arch to the general who vanished.

Acto de desaparición

Los que anoche vieron caer la marquesina derramando sus letras
de fuego.
Y las cien personas que observaban desde las ventantas del
Café Jamaica.
Los ingratos, los vampiros detenidos en un gesto de cinzano obsceno
(la cola del humo, los brazos extendidos, las bocas caídas,
la blanca lluvia).
Las sombras sobre vidrios estampadas
bailando el último tango en París.
Los que colgaron sus pálidos trajes de un viejo verano.
Los que piden un poco de luz para decaer.
Las cien personas que oyeron la descarga.
Los sombreros disparados al aire.
Los cocheros de rojos carretones.
El director de los jeeps iluminados.
Las metralletas del corso que pasó sin flores.
Y, sin embargo, es peligroso creer lo que dicen bailando
su farándula estos fiscales distraídos
Hace un momento
cien personas con un pie en el vacío
danzaban en brazos de sus jueces,
los testigos armados de dinamita dicen que sólo fue un fogonazo
que los anillos del rocío,
que el aliento cargado de las parejas cayendo del Cerro Santa Lucía,
que al darse la orden de fuego se apagó la ciudad,
que allí nunca hubo nadie,
que el cine, que el crepúsculo,
que las penas de un viejo olvidadizo.
Que la cacha de la espada.
Nada.
Estuvieron.
No están.
Entiérrense en el Diario Oficial.

Disappearing Act

The ones who saw the marquee fall last night spilling its letters
of fire.
And the hundred persons who watched from the windows of the
Café Jamaica.
The thankless, the vampires pausing in a gesture of obscene cinzano
(the trail of smoke, the outstretched arms, the fallen mouths,
        the white rain).
The shadows engraved on glass
dancing the last tango in Paris.
The ones who hung up their pale old summer suits.
The ones who ask for a little light to decline in.
The hundred persons who heard the blast.
The hats blown into the air.
The coachmen driving the red wagons.
The commander of the jeeps with their lights blazing.
The artillery passing flowerless on the drive.

And still it isn't safe to believe what these distracted
dancing district attorneys tell you.
A minute ago
a hundred persons with one foot in the void
were dancing in the arms of their judges.
The witnesses armed with dynamite say it was just a flashbulb:
rings of dew,
the heavy breathing of the couples falling from Santa Lucia Hill,
that when the order to fire was given the city went out,
that no one had ever been there to begin with,
that the moviehouse, the twilight,
the griefs of a scatterbrained old man...
the doubletalk...
Nothing.
They were.
But they aren't.
Bury them in the Official Daily News.

Los viejos estandartes

Erase una ciudad sin muros
ni torres, ni almenas, ni atalayas,
abierta ciudad abierta
como un melón maduro.
El río pasaba de espaldas cantando a los álamos helados,
volvía pegando en la pandereta temblorosa del verano.
Hoy marchan por sus calles
más de dos mil muertos con paso de parada.

Son los invisibles carpinteros del tiempo,
profesores de historia vivida al rojo,
abogados de una causa sin efecto,
estudiantes sin aulas,
guitarras sin manos,
panaderos fotógrafos pescadores
gráficos carteros maquinistas
secretarias mineros enfermeras
inflados nadadores del río de Manríquez
aportillados andinistas pintados de cal
barrenderos de un parque de recuerdos
cajeras boticarios curas colonos.

Estribillo: *«el soldado de levita*
            pásales revista
            dispárales y vuelven
            bórralos y vuelven.»

érase una escolta de sombras que será su sombra
la mirada que lo capta al doblar la esquina
el viento que abre de repente los postigos
la sangre que gotea por los tragaluces
la sábana que lo moja
el sueño que lo aprieta
la mañana clavada en su garganta.

The Old Banners

Once there was a city without walls
or turrets or lookout towers,
an open city, open
as a ripe melon.
The river flowed by on its back singing to the frozen poplars,
it returned tapping on the summer's trembling tambourine.
Today more than two thousand dead
march through its streets in parade step.

They are the invisible carpenters of time,
professors of history lived full-force,
advocates of a cause with no effect,
students without classrooms,
guitars without hands,
bakers photographers fishermen
printers mail-carriers machinists
secretaries miners nurses
bloated swimmers of the Manriquez River
machinegunned mountaineers painted with lime
sweepers of a park of memories
cashiers pharmacists priests and farmers.

Refrain: «*The Soldier in a frock-coat*
reviews the ranks
shoot them and they come back
wipe them out, they come back.»

There once was an escort of shadows that must be his shadow
the glance that catches him turning the corner
the wind that suddenly blows the shutters open
the blood that runs down the skylights
the sheet whose dampness wraps him
the dream that squezes him
the morning nailed to his throat.

Érase una ciudad dormida en sus nieves
una escolta que salía a patrullar sin rumbo.
Érase un ejército invisible
de trajes vacíos, zapatos vacíos, sombreros vacíos.
Érase un uniforme blanco al mediodía
perseguido por espejos implacables.

Once there was a city asleep under its snow
an escort out on an aimless patrol.
There was an invisible army
of empty clothes, empty shoes, empty hats.
There was a white uniform at noon
pursued by relentless mirrors.

Otro fantasma recorre el mundo

En la verdad del papel
y el estoicismo del mar
su pecho de papiro al sol
el vigilante de sal
nixonicidio escribió.

Con esta extraña palabra
despertó a los antipoetas de la contra-insurgencia
¿Por qué pensar que la ansiedad, la angustia
y la tristeza de nuestras ciudades
son consecuencia de un vuelo extraviado
el grano de arena de una estrella solitaria?
Les preguntó.
¿Hay respuesta para una ciudad flotante
cuyas penas y zozobras son alambres
que transmiten signos como incendios?

Después, acostado en su lecho de tablas
sobre clavos de madera
la pipa entre los dedos
su camisa apagándose de a poco
y la barba creciendo lenta, como crece la muerte de los
poetas
con alguna pena y sin temor
dibujó una X en la arena
una fogota que llenó los cerros de humo
una araña sangrienta que subió a la bandera
y denunciando la traición a cuatro vientos
fue repitiendo la señal hasta que empezo a arder
la cruz gamada.

Entonces pidió silencio en su caja de pino
salió de la ciudad en carretón tirado por mulas
se cantó y se bailó sobre sus libros
y con el dedo mojado en sangre escribió:

Another Specter is Haunting the World

On the paper's truth
and the ocean's stoicism
his parchment chest to the sun
the salty watchman
wrote: Nixonicide.

With this strange word
he woke the antipoets of counterinsurgency.
Why think that our anxiety, our anguish
and the sadness of our cities
are the result of a flight that's gone off course,
a grain of sand from a solitary star?
He asked them.
Is there an answer for a floating city
whose miseries and perils are electric wires
transmitting signals like brushfires?

Later, stretched out on his bed of planks
on wooden nails
his pipe between his fingers
his shirt very gradually going out
and his beard growing slowly, like the death of
poets,
with a kind of sorrow but without fear
he drew an X on the sand
a fire that filled the hills with smoke
a bloody spider that climbed up the flag,
and denouncing treason to the four winds
he went on repeating the signal till the swastika
started to burn.

Then from his pine box he asked for silence,
he left the city in a mule-drawn carriage
and as they were singing and tapdancing on his books
he wrote this with his finger dipped in blood:

Un fantasma recorre el mundo
vestido de civil y tocando los cascabeles
fantasma de levita y calzón de cuero
rizos de cobre mohoso
y maletín de verdugo en mano.
Vuela sembrando su desierto
disponiendo cementerios en el mar
fuentes de sangre para apagar sus incendios.
Reparte cadenas y capuchas
rompe huesos y se alimenta de nostalgia
porque es fantasma delicado y vergonzoso
lleva claveles en los pies y cambia de uñas a diario
va de general en general
como picaflor embriagado.
Soy vuestro hermano mayor
les dice a las viudas
nosotros fusilamos con balas de madera.
Soy el fantasma de percal
quien me toca se entusiasma
bailo para atrás y para adelante
me doy golpes en el pecho y condecoro a las hienas
me codeo con los tigres
me cambio de camisa como de bandera
entrego dólares a domicilio
inauguro coroneles vuelo en fortalezas
abrazo por la espalda rezo dinamita
bailo por los derechos humanos
me piden la paz y les doy el pie
armo países de opereta
me abanico entre vidrios de colores
soy la esmeralda más cara del barranco
importo diosas con descuento
yo inventé los suicidios comerciales.

Un fantasma pues recorre nuestros patios
las aldeas que fueron flor en el adoble
los barrios y zaguanes en la sombra de la historia
la penumbra de familias confundidas por el cielo
inmóviles fábricas en el silencio de un viento repentino.

A specter is haunting the world
dressed in plain clothes and ringing little bells
a respectable specter in leather pants
mossy copper curls
and a hangman's bag in his hand.
He flies around planting his desert
depositing his graveyards in the sea
fountains of blood for putting out his fires.
He hands out chains and hoods
breaks bones and feeds on nostalgia
because he's a shaky and ashamed specter
he wears carnations on his toes and changes his fingernails daily
he goes from general to general
like a drunk hummingbird.
I'm your big brother,
he tells the widows,
we shoot wooden bullets.
I'm the percale specter
whoever touches me gets all worked-up
I can dance backwards and forwards
I beat my chest and decorate hyenas
I hobnob with the tigers
I change shirts the same as I change flags
I deliver dollars «to go»
I inaugurate colonels I fly in fortresses
I embrace from behind I pray with dynamite
I do the latest step on human rights
they ask me for peace and I give them my foot
I arm countries with musical comedies
I'm fanned under stained glass
I'm the most valuable emerald in the gorge
I import goodesses at a discount
I invented commercial suicides.

So a spectre is haunting our patios
villages that were flowering in the adobe
neighborhoods and porches in history's shadow
the dark dismay of troubled families studying the sky
factories frozen in the silence of a sudden wind.

Pasa cargado de bruma y de rocío
verde como vieja selva empapado de muerte
mordiendo con dientes de tiza,
arrastrando sus redes arpones y osamentas
brillando en las noches tropicales
con sus barbas de fuego y sus mandíbulas de cobra.

Fantasma viejo
saca su lengua morada bota sus trajes de aluminio
sus corbatas de nudo resbaloso
sus canas de alambre sus sonrisas de vaquero desplumado.

Hoy vino a poner una corona de espinas en la puerta de
mi casa.
Meditó lamió las rocas del jardín
dejó su tarjeta en el aire
se fue regalando pantalones escopetas encendedores
de bolsillo.
Volvió a su iglesia de ascensores
colgó la toalla ensangrentada
juró
me dio un abrazo emocionado
y se acostó a dormir sobre su mujer sin huesos.

¿Qué moraleja
deja
este fantasma honoris causa?

El fantasma que a un fantasma
condecora en la bóveda del tiempo
y cambiando de color confunde signos
se arrepiente y salta
sin rostro
sin nombre
sin huellas digitales
de una cruz a otra cruz
a provocar el relámpago
pasará por el mundo como el último cometa:
con su cola de fuego entre las piernas.

He goes by loaded down with fog and dew
green as an old jungle soaked in death
chomping his chalk teeth,
dragging his nets harpoons and skeletons
shining through tropical nights
with his flaming whiskers and his copper jaws.

An old specter
sticking out his purple tongue, throwing off his aluminum clothes
his slipknot neckties
his wire gray hairs his grin of a plucked cowboy.

Today he came over to put his thorny crown on the door
of my house.
He meditated, licked the rocks in the garden
left his card in the air
and went off handing out bluejeans, rifles, cigaret
lighters.
Then he went back to his highrise church
he hung up his bloody towel
swore
gave me a heartfelt hug
and lay down to sleep on his boneless wife.

What moral
is left
by this distinguished specter?

The specter that decorates
another specter in the vault of time
and gets all mixed-up changing colors
repents without a face
without a name
without fingerprints
jumping from one cross to another
hoping to be hit by lightning,
he'll pass through the world like the last comet:
with his fiery tail between his legs.

V

Elegía a Orlando Letelier

Compañero
encontraste el camino de los justos
cuando aparecieron los escollos
viste amanecer el cielo de la patria
cuando los incendios se confundían
con las rojas flores de nuestra primavera.

Hoy en tierra extraña las hojas empiezan a teñirse de oro
y los crepúsculos se acortan
la hora azul se extiende sobre el secreto país de la victoria.

En la alfombra de rodillas junto al viejo catafalco de cobre
la sombra de tus hijos está observando tu llegada
su rostro junto a tu rostro
tiernamente
como lámparas votivas
hablando con el sol que va a nacer.

Bandera inesperada
soldado sin armas
tu seguridad interior plegó sus alas
y has llegado pues a la puerta estrecha.
Hermoso héroe que apareció de repente en la lluvia de septiembre
manejas los poderes de la vida y de la muerte
conoces el honor del silencio y el clamor de los pájaros
en los árboles caídos.
Sobrevives.
Embajador de mi pueblo herido.
Embajador de los pobres.
Embajador de los héroes de la resistencia.
Hoy te levantas desde la soledad glacial de la patria
y vuelves en el amor de los camaradas
la tiza del pueblo escribe tu nombre en los cielos.

Elegy for Orlando Letelier

Compañero,
you had found the just course
when the reefs rose up,
you saw the sky of our country dawning
when the fires grew confused
with the red flowers of our springtime.

Today in a strange land the leaves are turning gold
and the twilights shorten
the blue hour is spreading over the secret country of victory.

On the carpet on their knees next to the old copper coffin
your children's shadow is watching your arrival
their face beside yours
tenderly like votive candles
speaking with the sun about to be born.

Unforeseen banner
unarmed soldier
your inner security folded its wings
and so you've come to the strait gate.
Beautiful hero who suddenly appeared in September rain
you conduct the powers of life and of death
you know the honor of silence and the racket of birds
in the fallen trees.
You live.
Ambassador of my wounded people.
Ambassador of the poor.
Ambassador of the heroes of the resistance.
Today you rise out of the homeland's cold solitude
and return in the love of comrades,
the people's chalk writes your name on the sky.

Soplas con ronca voz en tu guitarra de piedra
haces con tus manos el plato de acero
y empiezas a comer la luna de los presos
das todas las vidas que tienes
y amaneces golpeando en el corazón de Chile.
Eres el movimiento de la paz y la columna de nuestros mares
estás en el misterio de nuestros bosques llovidos
en la luz naciente de nuestros viejos desiertos.
Compañero
eres el hombre que nunca volverá a caminar solo.

Señor de los combates.
Caballero rojo de cuecas y álamos nevados
contigo van los grandes y los humildes
los silenciosos pasajeros de la niebla chilena
la compañera de terciopelo
te carga en sus brazos como trigo amanecido.

Defiéndenos
danos tu fuerza para combatir y renacer contigo.

You breathe with a rough voice in your stone guitar
you make a steel plate with your own hands
and begin eating the prisoners' moon,
you give every life you have
and wake up beating in the heart of Chile.
You're the motion of peace and our oceans' backbone
you move in the mystery of our rainy forests
and in the dawning light of our old deserts.

Compañero,
now you're the man who'll never travel alone.
Lord of the struggle.
Red gentleman of *cuecas* and snowy poplars,
the great and the humble go with you,
the silent passengers in Chile's fog,
the velvet compañera
gathers you in her arms like a sheaf of fresh wheat.

Defend us:
give us your strength to fight and to be reborn with you.

Sueño del combatiente

a Roque Dalton

La muerte del guerrillero puede ser un sueño interrumpido
una breve acotación perforada en el asfalto
entre luces de lámparas mineras que bajan en la noche
morral cerrado cerco de espinas veraneras.

La muerte ordena con sencillez su amoblado de coronas y caballos.

Zacate de limón en un sol sin ventanas
anís súbito lavanda infinita rosa fresca de río
La muerte adornada de vacas y toros en La Ceiba
techo de humo y de hojas oscuras
reloj de pájaros en la tarde.

Ha sonado el cencerro los espolines trabajan
no hay tiempo de informar al estero que la marea sube
corro al encuentro del hombre amarrado en sus corbatas
desembarco sobre peces-mantas plateados por el hambre
busco la piedra pome en tu frente de poeta combatiente
el mango y su zapote, su caimito, la lengua y el botón del maquilishue.

El año compañero fue un anillo sin fecha un novia en la arena
el volcán de oro tu café borbón majestad cansada del machete.

Soñaste que el país era de azúcar
y la sangre sonaba en las artesas
que el parasol de mariposas cubría la montaña
y a la ciudad bajaba al fin el Salvador del Mundo
que la camisa y el rebozo y el sombrero de palma
reinaban en la corte morada del cañaveral
danzón de caites y platillos
banderas acostadas en el muelle de La Libertad.

Soñaste que el fuego era de luces
que tú y yo éramos un niño sonriente en las brisas de la tarde
una muchacha de leche abierta entre sus cántaros.

The Fighter's Dream

for Roque Dalton

A *guerrillero*'s death can be an interrupted dream,
a quick mark poked in the asphalt
among the lights of miners' lamps going down into night,
a sack drawn shut, a ring of summer thorns.

Death has a simple way of putting its props of crowns and horses in
      order.

Lemons grass under the windowless sun
sudden anise infinite lavender cool rose of the river.
Death decorated with cows and bulls in La Ceiba park
a roof of smoke and dark leaves
a clock of afternoon birds.

The cowbell's rung the shuttles are at work
there's no time to tell the brook that the tide is rising
I'm running to meetings tangled up in neckties
I get off the boat on manta-rays plated with hunger
I look for the sharpening stone in your fighting poet's face
the mango, the *zapote,* the star apple, the tongue and the bud of the
      maquilishue.

Compañero, the year was a dateless ring of lover on the sand
the gold volcano, your bourbon-coffee, the tired power of the machete.
You dreamed that the country was made of sugar
and blood echoed where the bread was kneaded
and that a butterfly umbrella was shading the mountain
and finally the Savior was coming down to the city
that the workshirt and the rebozo and the straw hat
reigned in the violet court of the canefield
a slow dance of sandals and cymbals
flags laid down on the dock of La Libertad.

You dreamed that fire was light
that you and I were a grinning boy some breezy afternoon
a friendly milky girl with her pitchers brimming.

Y eres un joven de espaldas sobre balas y gatillos.
Soy tu padre en el zaguán reloj en mano
colonos de azul y blanco tú y yo.

Eres el pendón mojado en caña
patriota de perfil bajo la luna
dormido escuchas el estampido del mar
la cortina de olas
la gran bandera roja que te cae sobre el pecho
la bala secreta que ya entró por el oído.

And you are a kid laid out on bullets and triggers.
I'm your father on the porch my watch in my hand
we're blue and white farmers you and I.

You are the banner dipped in sugarcane
a patriot's profile under the moon
asleep you hear the pounding of the sea
the curtain of waves
the great red flag that falls across your chest
the secret bullet tearing through your ear.

Pablo

Te encontré de cowboy y con sombrero
de neblina de fieltro y de durazno
chaqueta oscura de oso pasajero
pantalones de embudo en los veranos
corbata a pincel paso marinero.

Sonreías con ojos de canario
de tus manos crecían las ciruelas
el mono del anís volaba en tierra
ordeñabas otoños con terneras
sin mezclar el ardor al descalabro.

¿Dónde andan el orégano y rocío
con que siempre alumbró tu mesa alada?
¿la tetera del buzo bajo el río
la barba de maíz en la albahaca
la merluza en aceite enamorada?

Con manos carpinteras en el sueño
de sotana tus siestas presidías
guerreando con los labios y entrecejo
buscando brochas con el mástil ibas
pintor de tinta verde, y buque viejo.

Pablo yo pienso en vino blanco y pienso
en los secos demonios de Isla Negra
el caldillo que el congrio navegaba
en tu clan de portones y de brasas
con tus novias de palo atormentadas.

Un niño fuiste para el mar entero
en brazos de Matilde un poco tarde
dibujando en tus piernas más de un gesto
dedicado a la estrella cuando arde
con la pausa imprevista del guerrero.

Pablo

I met you as a cowboy with a hat
of mist and felt and peachfuzz
the dark jacket of a traveling bear
pantlegs like funnels in the summertime
a paintbrush necktie and the stride of a sailor.

You smiled with the eyes of a canary
plums grew out of your hands
the anisette we shared flew on the earth
you milked the autumns like gentle cows
without confusing passion with disaster.

Where are the dew and the oregano
that always lit up your fluttering table?
The diver's teapot rescued from the river
the whiskers of corn in the sweet basil
the fish in love with oil on our plates?

With a carpenter's hands in your dreams
you governed your siestas like a priest
fighting with your lips and with your frown
and looking for brushes you went on
painting the mast of the old boat with green ink.

Pablo I'm thinking of white wine
and of the thirsty demons of Isla Negra
the sauce where the eel was swimming
in your clan of big doors and hot coals
with your battered sweethearts from the bows of ships.

You were a child of the entire sea
arriving late into Matilde's arms
portraying with your legs more than a likeness
devoted to the star that burns
with the unforeseen repose of the warrior.

Homenaje a los héroes caídos en el Externado de San José

En la luz de El Salvador esa tarde fue de cristal
abierta al murmullo de las líneas telefónicas
que cruzaban con dulzura el oído del mundo.
Pero hoy se ponen a cantar los gallos en el humo rojo y espeso
de El Manguito y La Fuerteza,
y por razones que la historia esconde
cantan al atardecer amarrados al árbol de fuego:
saben que una arena los llama
y que una muerte de espolines sangrientos bailará sobre sus crestas.
el sol simplemente se ha vuelto de tiza y en su jugo se bañan
los compradores tardíos de La Campana.

Otros tendrán su Edad Media, su carro de luces,
tendrán su fuente de oro en la plaza de los degollados
y leerán salmos, se elevarán por los cielos gritando
y no se salvarán,
tampoco nuestros vendedores ambulantes con sus algodones de colores
y la granadina pintando sus minutas.

«Rubén Darío» es una calle, les digo, un teatro
donde los cowboys sancochan sus pistolas,
es un mercado donde la humanidad se reconoce, suda,
comprende a Cristo
y se tiende a pedir el guineo del descanso.

No sé, no estoy seguro si los gallos han visto descender
a los apóstoles por los Planes de Renderos,
pero lloran y, además, cantan y el sol les dora las plumas.
Y en esta hora en que humean su frangancia las pupusas
y el comal es un sol que se levanta,
la humanidad enseña a nuestros hijos sus descubrimientos.
Pienso que hemos perdido mucho tiempo visitando
los espacios de la noche.

Homage to the Heroes Fallen at San José School

In the light of El Salvador that day was a window
open to the murmur of the telephone lines
softly buzzing the ear of the world.
But today the roosters come out crowing in the thick red smoke
of El Manguito and La Fuerteza,
and for resons obscured by history
they crow at sundown tied to the tree of fire:
they understand some pit is calling them
and that a death of bloody spurs will dance over their combs.
The sun has simply turned to chalk and its juice is showering
the last shoppers at La Campana.

Others will have their Middle Ages, their floats in the parade,
they'll have their gold fountain in the square of the beheaded
and they'll read psalms, they'll rise through the heavens yelling
but they won't be saved,
any more than our wandering vendors with their colorful cottons
or the syrup painting its popsicles.

«Rubén Darío» is a street, I tell you, a theater
where the cowboys simmer their guns,
it's market where humanity knows itself, sweats,
understands Christ
and lies down begging for the final fruit.
I don't know, I'm not sure if the roosters have seen
the apostles coming down Planes de Renderos,
but they're crying and, besides they're sleeping and the sun is turning
their feathers gold
And in the hour when the *pupusas* send out their scent
and the *comal* is a rising sun,
humanity teaches our children their discoveries.

I think we've wasted a lot of time exploring
the spaces of night.

No reparamos en los árboles que se incendian a la vera del camino,
ni en las llamas que despiden los cadáveres
de jóvenes, mujeres y ancianos
al zambullirse en el Río Sumpul,
ni en la bocanada de humo que despide la caverna
tapiada de helicópteros
donde reza el Señor por las cruces que ha perdido.
No me parece que la historia pasa con el ruido necesario.

¿Qué ruido hacen los niños al morir ametrallados?

No me parece que las grandes ciudades hayan reconocido
sus ruinas ni las nuestras.

El hombre, decimos con alarma,
ha subido al árbol de Dios
a ensayar sus últimos hachazos.

Mientras tanto El Zapote se ha cubierto de un musgo transparente
y huele a limón y a mármoles y a muñecas amarradas con alambres.
La ciudad padece en su sarcófago de caoba
y los cines hacen volar sus campanas,
la multitud se arrodilla
y El Presidente emerge de su nicho de sangre.

Recuerdo que hace siglos los gallos cantaron a una hora famosa
y otros gallos respondieron por los rincones de la Biblia.

Enrique Alvarez, Juan Chacón, Manuel Franco, Humberto Mendoza,
Doroteo Hernández, Enrique Barrera,
la Ultima Cena estaba servida para doce y se presentaron seis.
El Señor elevó su Pan blanco y oloroso, y comimos de su Cuerpo.
Elevó su Vino cristalino de uva generosa, y bebimos de su Sangre.

Dimos una vuelta más para que nos entiendan en otros mundos,
y la descarga, como todas las descargas de la vida, pareció
un poco sorda y sin futuro.
Y no fue así,
porque esta descarga no ha dejado de sonar y resonar
y sus balas comenzaron a recorrer la ciudad
y salen ahora de todas las esquinas y de todas las ventanas.

We don't stop to look at the trees burning by the side of the road,
nor at the flames kissing the bodies
of women, the young and the old goodbye
as they sink in the Sumpul River,
nor at the puff of smoke the cave spits out
covered by helicopters
where the Lord prays for his lost crosses.
It seems to me history doesn't pass with the proper noise.

What sound do children make as they die machinegunned?

It seems to me the big cities haven't acknowledged
their ruins or ours.

Man, we're shocked into saying,
has climbed God's tree
to try out his final chops.

Meanwhile El Zapote is covered with a clear moss
and it smells like lemon and like marble and like wrists tied with wire.
The city suffers in its mahogany coffin
and the moviehouses ring their bells,
the masses kneel
and the President emerges from his niche of blood.

I remember centuries ago the roosters crowed one famous time
and other roosters answered from the furthest corners of the Bible

Enrique Álvarez, Juan Chacón, Manuel Franco, Humberto Mendoza,
Doroteo Hernández, Enrique Barrera,
The Last Supper was set for twelve and six turned up.
The Lord raised his white fragrant Bread, and we ate of his Body.
He raised his clear generous Wine, and we drank of his Blood.

One more round so they'll understand us in other worlds,
and the shots, like all the shots in life, seemed
a little deaf and futureless.
But that's not how it was,
because these shots never stopped echoing and resounding
and bullets started streaking around the city
and now they fly from every corner and very window.

Tampoco dejan los gallos de sangrar y las campanas de caer,
ni Alvarez, Chacón, Franco, Mendoza, Hernández, Barrera
dejan de resucitar y combatir
y la tierra de florecer y los cielos de amanecer
y el café de perfumar y el azúcar de cantar
y el mar de soñar y los esteros de correr,
y la patria, dulce patria,
de morir y de triunfar
de morir y de triunfar
de morir y de triunfar

And the roosters never stopped bleeding nor the bells falling,
nor have Alvarez, Chacón, Franco, Mendoza, Hernández, Barrera
stopped coming back to life and fighting
and the earth flowering and the skies dawning
and coffee steaming and sugar singing
and the sea dreaming and the streams running
and the country, sweet country,
dying and overcoming.
        dying and overcoming
                dying and overcoming.

VI

Me preguntas

Me preguntas qué oculta el bosque en su espesura.
¿Tigres de felpa fugitiva,
ardientes enemigos del sueño,
losa calcinada, liebres distraídas?
Nada pondrá en peligro nuestra familia de fieltro,
tu mirada de suave astronauta dormido,
nadie vendrá en la oscuridad a mirarte:
cerraremos las cortinas de la lluvia.

Niño que tocas otro mundo cuando esperas,
para ti se tranquilizan las estrellas en el viento,
corren en silencio los ríos por la sombra
y las rosas descienden a girar sobre el agua.

No lo sabes, pero está bien que lo recuerdes,
soy un muro en torno a tu silencio,
soy el sereno que descuelga las campanas,
que enciende los templos de la tarde
y despierta la ciudad a golpe de cristales,
soy el brazo que te oculta el bosque y el tigre,
la huella del cazador sumergido en la arena movediza.

Como el anochecer celebro tus murmullos,
tu paso por el cielo y las alfombras,
voy donde tú vas, duermo en las paredes,
corto espadas con gesto repentino,
soy el mediodía y el verano,
la orquesta del sol que se aproxima.

Nada temas niño espacioso y pensativo,
para ti se acuestan las jirafas a soñar sus arcoiris.

You Ask Me

You ask me what's hidden in the dense woods.
Tigers of runaway felt,
fiery foes of our dreams,
gravestones turning to chalk, rabbits out of control?
No one can hurt our felt-lined family,
your look of a softly sleeping astronaut,
no one will come in the dark to watch you:
we'll close the curtains of rain.

Child in touch with another world as you wait,
for you the stars grow calm in the wind,
rivers are running quietly in the shade
and roses fall spinning on the water.

You don't know this but it's fine to remember,
I am a wall surrounding your silence,
I'm the night watchman taking down bells,
lighting up the temples in the evening,
tapping on the windows to wake the city,
I'm the arm that hides you from the woods and the tiger,
the track of the hunter under shifting sand.

Like dusk I come to praise your murmuring,
your footstep on the sky and on the rug,
I go where you go, sleeping in the walls,
quickly I cut any threatening swords,
I'm noon and summer,
sunlight's orchestra coming closer.

Don't be afraid, small pensive explorer,
for you the giraffes are going to bed to dream their rainbows.

¿Qué tengo en mis brazos?

¿Qué tengo en mis brazos cuando ya te has ido?
En mi pecho tu cara
como hoja de sangre resplandeciente.
El ruiseñor nos saluda con su sombrero de flecos.
En la esquina del atardecer posa el sol su mejilla,
como tú niño dios, niño de ausencia, mirándome
sin decirme jamás tu misterio en la cuna vacía,
todo el cielo tranquilo en tus ojos oscuros,
en tus dedos la sortija del tiempo.
Te has dejado caer sobre mis años
y me cubres con tus alas invisibles,
saltarín del amanecer.
¿Estarás mañana despierto en mi mano?
¿Podré por fin abrir los ojos,
mover las aspas del verano?

El cerezo se ha llenado de ti junto a mi ventana
y el día será otra vez un movimiento de pétalos y labios.

What Do I Have in My Arms

What do I have in my arms when you are gone?
On my chest, your face
like a leaf of gleaming blood.
The nightingale salutes us with his fringed hat.
The sun rests its cheek on the corner of evening,
like you, little god, little absent one, looking me over
from the empty cradle without ever telling your secret,
the whole calm sky in your dark eyes,
the ring of time on your fingers.
You've let yourself tumble into my years
covering me with invisible wings,
dawn dancer.
Will you be awake in my hand tomorrow?
Will I finally be able to open my eyes
and move the windmill sails of summer?

The cherry tree next to my window is filled with you
and again the day is a stirring of petals and lips.

Suspendido en el aire

Suspendido en el aire
con todo el cielo en tus manos,
yo adivino en tus ojos
al rey de los pájaros.
Cantan por ti
los zorzales escolares,
la paloma arruya en tu palma
el beso que tú le regalas.
Con tus pies sobre mis hombros
eres el mundo que aguarda.
Todo lo cantas y todo lo vives
sin vivir tu mañana.
Niño de pluma,
fuego veloz en la tarde,
con ojos que el anochecer quisiera
para deslumbrarnos al alba.
Nietecillo en vuelo,
arrebol tierno,
aliento tibio de sol
rozando mi ventana.

Para ti sale el torito
a dorarse en los trigales.

Suspended in Air

Suspended in the air
with the whole sky in your hands
I divine in your eyes
the king of the birds.
The student thrushes
are singing for you,
the dove coos in your hand
as you give him a kiss.
With your feet on my shoulders
you are the world waiting.
You sing it all and live it all
in your still unlived tomorrow.
Feathery child,
afternoon fire that flies,
sundown would like your eyes
for lighting us up at dawn.
Little grandchild in flight,
tender pink sky,
warm breath of the sun
grazing my window.

For you the little bull comes out
to sun himself in the fields.

La cigüeña dice

La cigüeña dice
¿Por qué traigo niños por los aires
como turistas de un vago amanecer?

¿Por qué se abren los paraguas de repente
cuando bajo a observar por las ventanas?

¿De dónde salen las señales del sol,
hacia qué torres nevadas?

¿Por qué van los trenes distraídos,
será que los caminos ya se han bebido el estero?

Mis viejos álamos silban
cargados de estrellas.

Los inviernos se asan a fuego lento.

Mi sombrero se ha llenado de brasas,
oigo mis anillos en el rumor de los ciervos
que avanzan contra el viento.

La primavera es el mes que reconozco,
un año menos pues ya no recuerdo cosa alguna.

Vivo de la lengua para arriba,
suelto mi mandíbula batiente.

Soy más triste porque vuelas
y más contento porque vuelves a volar.

¿Será que vivimos en el gesto de las gaviotas?
¿Con el gato oscuro sentado junto al brasero?

The Stork Speaks

The stork says:
Why do I carry children through the air
like tourists in a hazy dawn?

How come the umbrellas suddenly fly open
when I swoop down to spy through windows?

Where do the sun's signals come from,
and toward what snowy towers?

Why do the trains run every which way,
can it be that the roads have already drunk the river?

My old poplars are whistling
loaded down with stars.

The winters are roasting over a slow fire.

My hat's full of coals,
I hear my rings in the sound of deer
running upwind.

Spring is the only month I know,
one less year that I don't remember a thing.

I live from the tongue up,
flapping my jaw.

I'm sadder because you fly away
and happier because you fly back here.

Can it be we're living in the sea gulls' dance?
Or with the dark cat sitting beside the fire?

El milagro cabe

El milagro cabe entre tus brazos
como la estela blanca en el patio oscuro.

Lo llevas a tu boca y cambia
el rumbo del fuego entre las hojas.

Pides tregua escuchando tu inocencia,
miras hacia el sol y en la distancia
sale el padre silbando a la deriva.

Una palabra traes y una canción en los ojos,
la red del alba se ha llenado de cielo.

Tomas el pecho y lo apuntas con ternura,
el pequeño orbe sacude sus cascabeles.

Por el cuerpo del bosque se aflojan las amarras.

Abrazo del oro con la espuma,
el río con tus trenzas,
sombra en tu cintura alada.

Madre del trigo que reposa en la brisa.

El niño es como la tarde sobre los sauces,
una mirada de asombro
y se apagan y se encienden los días.

The Miracle Fits

The miracle fits between your arms
like a white streak across a dark patio.

You lift it to your lips and it shifts
the fire's path among the leaves.

Your listening innocence would like a rest,
you look up toward the sun and in the distance
out comes the father mysteriously whistling.

You carry a word and a song in your eyes,
the dawn's net is filled with sky.

You hold the breast and gently point it,
the little world shakes its bells.

The forest's body shakes off its bonds.

An embrace of gold and foam,
of the river and its braids,
the shade and your waist with wings.

The wheat's mother leaning on the breeze.

A child is like an afternoon over willows,
one amazed look
and the days shine, off and on.

Niño veloz

Niño veloz que vuelas entre puertas y ventanas.
¿Qué te ha dicho la noche dormida en los pinos,
qué el resplandor del agua en tu cuna?
¿Por qué diriges el coro azul sobre la antena,
el solo gris del palomar en la nube?

¿Quién te hizo vuelo para que fueras niño,
manos para rehacer mi rostro?

¿Por qué saltas si el mundo se atrasa
y bailas para crear la paz de las familias?

Naciste con la suave arrogancia de los pastores.

Y los maestros cantores te siguen.

Observas a tus pájaros con paciencia.
¿Quién te dio el poder para afinar montañas?

La música es el rumor de tu vida.
Y el sol se pone adentro de mi guitarra.

Fleeting Child

Fleeting child darting between doors and windows.
What did the night asleep in the pine trees tell you,
what did the water say shining in your cradle?
What moves you to conduct the blue chorus above the antenna,
and the gray solo of the dovecote cloud?

Who set you flying into your childhood,
who made your hands to rearrange my face?

Why do you leap ahead when the world's going backwards,
why do you dance to bring the family peace?

You were born with the soft arrogance of the shepherds.

And the master singers follow your lead.

You watch your birds so patiently.
Who gave you the power to tune mountains?

The sound of your life is music.
And the sun is going down in my guitar.

Qué misterio

¿Qué misterio nos une a las hojas bordadas del arce?
Niño en mis brazos agua en el cielo.
¿Qué ves entre los párpados de fuego
para dejarme en suspenso, árbol abierto?
¿Por qué se ha quedado inmóvil mi nieto
y las flores lo recuerdan
moviendo su rosada diadema
al pasar de los brotes a mis labios?
Sus ojos reflejan los olivos en la tarde,
pero no son olivos sino voces lejanas.
¿Son acaso las formas que lo esperan en el mundo
sentido y presentido,
como un rosario de sueños que trae en sus manos?
¿De dónde vienes nietecillo iluminado
por la noche incendiada?
¿A quién rezas con tus dedos enlazados,
por qué me olvidas un instante
y ya no soy sino otra sombra entre las ramas
otra vieja estrella caída a tus pies?
Me vuelves a mirar y me dices lo que sabes,
y no sabré nunca por qué estás de vuelta,
cometa oscuro y suave en mi pecho.

Llegas de cualquier ala aparecida en el viento
corazón de luz, limón fragante,
ligero peso de los días y los años.
¿Qué sabes que yo no sabré nunca?
¿A quién recuerdas que ya no existe,
de qué vida vienes que estás olvidando?

Me observas con tu mirada de Dios
y en mí se ha puesto el sol,
nos ha soplado repentina la brisa
y quiero jugar otra vez, mi nieto,
a que somos eternos
enredado para siempre a tus hojas
lucerito amanecido en la pradera.

What Mystery

What mystery binds us to the embroidered leaves of the maple?
Child in my arms, water in the sky.
What do you see between your fiery eyelids
to leave me in suspense, tree in a clearing?
Why is my grandson still,
yet the flowers recall him
shaking their rosy crowns
opening from the buds up to my lips?
His eyes reflect the afternoon olives,
yet they aren't olives but distant voices.
Maybe they're the forms awaiting him in the world
sensed and foreseen,
like a rosary of dreams he carries in his hands?
Where do you come from, little bright grandbabe
crossing the inflamed night?
Whom do you pray to with your folded fingers,
why, when you forget me for a second,
am I just another shadow among the branches,
another old star fallen at your feet?
Again you look at me and tell me what you know,
and I'll never understand why you've come back,
a soft dark comet crashing in my chest.
You arrive from any wing glimpsed in the wind,
heart of light, lemony scent,
feathery weight of the days and years.
What do you know that I can never know?
Whom do you remember no longer alive,
what life do you come from, forgetting?

You look at me with your gaze of a God
and the sun has gone down inside me,
suddenly a breeze brushes us, grandchild,
and again I want to pretend
that we're eternal
tangled up in your leaves forever
little star risen in the field.

Sol pequeño

La campana atada a sus hilos de peces
vuelca en mi rostro su sorpresa,
pero los pasos en el dormitorio oscuro
son míos,
y el vacío
pertenece a otros tiempos sin memorias,
a personas que vagaban y olvidaron,
a puertas sigilosas, carrozas en un aire de flores,
sueños de una familia que observa la pantalla en silencio.
La madre de espaldas como una mesa
y los cubiertos lanzados sin pericia,
el vuelo de los últimos encajes que perdieron su seceto.

Entonces, doy unos pasos, espero,
los soldados duermen abrazados,
el espejo se triza para dar aviso,
una señal de vejez, agua repentina,
las camas se abren vacías
un escudo defiende los retratos del fotógrafo,
a mis pies tu cabellera crece y nos envuelve
son las ráfagas de nieve, me dices,
junto al naranjo quemado sostengo la espada
y grito.
El bosque ha caído a su laguna,
vuelan los pájaros en círculo
desde la sombra un sol pequeño me sonríe,
los misterios se acunan en sus manos
el mundo mueve las paredes
y bailo.

Little Sun

The windchimes in the form of little fishes
spill their surprise in my face,
but the footsteps in the dark bedroom
are my own,
and the emptiness
pertains to other unremembered times,
to people who wandered off and forgot,
to secret doors, hearses decked out with flowers,
dreams of a family watching the screen in silence.
The mother on her back like a table
and the place settings all mixed up,
and the mystery of the last lacework escaping.
That's when I take a few steps, I pause,
the soldiers are asleep in each other's arms,
the mirror shatters as a warning,
a sign of old age, rushing water,
beds flying open empty.
A shield protects the portraits from the photographer,
at my feet your long hair grows and wraps around us
they're snow flurries, you assure me;
by the scorched orange tree I raise my sword
and shout.
The forest has fallen into its lagoon,
the birds fly around in circles,
out of the shadows a little sun smiles at me,
mysteries are curled up in his hands,
the world moves back its walls
and I dance.

Nocturno

Una madre campesina a su hijo

A veces nos atrae hacia la tierra
aquello que más se esconde entre las manos.
Un niño de azucena y trigo
luz perdida y descubierta entre senderos
donde las hojas se duermen como estrellas.
A veces y quién sabe sólo una vez y nunca más
hallamos el sentido oscuro de las piedras que nos miran,
lunas pequeñas que recorren el suelo
blancas y húmedas y nos hablan con sus banderas de polvo.
Tu mano en la mía,
un momento del mundo que acerca su oído
y se pone a escuchar tu aliento en mi cuello,
detenidos los astros, el cielo iluminado por el rozar
de alas que buscan el sueño, el agua
toda, entregada a su celeste arrogancia,
recorridos tú y yo por una ternura desnuda,
como el paso que ya se dio y ha vuelto
al ruiseñor su historia entre gardenias.
Y sé que te has dormido, pero abrirás el tiempo
solo entre las cosas que hacen girar la noche
y se detienen, nos entienden y vuelan
a veces y quién sabe
sólo una vez y nunca más.

Nocturne

A peasant mother to her child

Sometimes we are drawn toward the earth
by what is most hidden between our hands.
A child of white lilies and wheat
a light lost and found among paths
where the leaves are asleep like stars.
Sometimes and who knows only once and never more
we make sense of the strange way we are watched by stones,
little white moist moons moving across the ground
signaling to us with their flags of dust.
Your hand in mine,
a moment in the world which lowers its ear
and settles down to listen to your breath on my neck,
the stars still, the sky lit up by the rubbing
of wings in search of sleep, all
the water, given to its celestial arrogance,
you and I grazed by a naked tenderness,
like the footstep long since gone that's given back
the nightingale its story among gardenias.
And I know you've fallen asleep, but time will open
for you alone among what spins the night
and stops, what understands us and flies away
sometimes and who knows
only once and never more.

VII

Basta con muy poco

Ha bastado un rumor de agua
una luz quebrada
el humo de la fogata entre las piedras del río
y el mundo que conocemos empieza a hablar
no con voces ni silencios
algo rápido como la hora
del cometa rosado en su viaje por la tarde
o más oscuro
en el vaivén de los pinos
sólo un camino
entre mi barrio y la soledad.
O una persona junto a la puerta abierta
y el último autobús que se fue vacío
todo dispuesto
como si las estrellas nos llamaran
y el paso de hermanos y parientes se fuera acercando
un momento indeciso en el tiempo que vendrá,
nada, sino la rueda otra vez
que espera nuestra copa, la sonrisa
del anochecer que junta cenizas
varios niños cansados bostezando
no hay nadie en la avenida iluminada
todo fue un olvido, casi una duda
los vecinos nos saludan con un gesto
de orégano, claveles y albahaca
hemos vuelto
cerramos la puerta y nos miramos.

A Little Is Enough

A murmur of water has been enough,
pieces of light,
smoke from the fire among the river rocks,
and the world we know starts speaking
not with voices nor with silences,
something quick as the time
the pink comet takes in its trip across the evening,
or darker
in the swaying of the pines,
just one road
between my neighborhood and solitude.
Or a person by the open door
and the last bus that went off empty,
everything ready
as if the stars were calling us
and the family's footsteps approaching
an uncertain moment in time to come,
nothing, but once more the round table
our wineglasses are waiting for, the smile
of nightfall gathering ashes,
various sleepy children yawning,
nobody on the lit-up avenue,
everything forgotten, almost doubted
as the neighbors greet us with a gesture
of oregano, basil and carnations:
we're back,
we shut the door and look at one another.

Llevaré mis flores

A veces, cuando no volvemos a encontrar el tiempo
que nos vuela cerca de la cara,
una ventana se nos abre
y los pétalos caen despacio
para vestirnos de esperanza.
A mis pies el agua tiembla
como la piel del venado,
es la armonía entre nosotros
un aviso de los años que nos faltan
luz que viene de tus ojos a los míos
cerrado uno a uno los jazmines,
mientras el sol insiste desde lejos
y abre su canasto de plumas.

Nos reconoce el tiempo y silba su tonada
nada nos separa, sólo una ciudad en silencio
nuestros parientes van de ventana en ventana
abriendo los retratos que conocimos en los sueños,
parecemos no entender la secuencia
que nos lleva de un puente a otro puente
a una capilla donde los monjes salen desde el suelo.
Llevaré mis flores sonriendo
hacia el niño que me observa desde el agua.

I'll Carry My Flowers

At times, when we don't turn to meet the time
that's flying right by our faces,
a window in us opens
and petals fall slowly
dressing us in expectation.
At my feet the water trembles
like the skin of a deer,
it's the harmony between us,
a warning from coming years,
light that flashes from your eyes to mine,
the jasmines closing one by one,
while the sun in the distance insists
on opening its basket of feathers.

Time knows who we are and whistles its tune,
nothing keeps us apart, just a city
silenced, our relatives going from window to window
opening the portraits we meet in dreams,
we don't seem to understand the sequence of events
that carries us from one bridge to another
to a chapel where the monks come up out of the floor.
I'll carry my flowers smiling
to the child who watches me from the water.

Es lo mínimo

Digo que no pase el tiempo
para esta ventana extasiada ante el espejo.
La espada es una claridad sin forma,
una especie de memoria
copa de hojas, como el olvido
o la fogata en algún gesto repentino.

Que a este sol en el fondo de mi escudo
venga el recuerdo de los padres,
la luz de rama en rama
el vuelo clavado al mediodía,
como un silencio que nos junta las manos
o el paso de los que fueron y esperamos.

Nada más que la niebla una mañana
presentida la flor, cristal inseguro
reunión de vasos en el aire
nombres de anunciación, mesa respetada
nada más, ni odio ni treguas ni resabios.
El patio donde estuvo el sol
y el dulce peso de los años que no vivimos
ahora olvidados, queridos
recios árboles de la tierra consagrada,
ni desdén ni desconfianza, tan sólo cansancio
y los buses azulosos volverán a correr despavoridos.

Es lo mínimo, lo tiernamente rescatado
años de llevar un cajón vacío por el mundo,
años de escribir y callar pensando
que las piezas y los muebles quizá no nos recuerden.

Una silla de paja tejida en el destierro
un fuego sencillo de brazas y acordeones
hojas de plata, la nueva estrella en el cielo que se apaga
la mampara abierta para el vals apresurado.

It's the Small Things

I say that time stands still
for this window staring at itself in the mirror.
My sword is a formless clarity,
a kind of memory,
a cup of leaves, like what's been forgotten
or the blaze of some sudden gesture.

I want the memory of my parents
to reach the sun at the bottom of my shield,
light leaping from branch to branch,
time's flight nailed to noon,
like the silence that joins our hands
or the footsteps of the missing ones we're waiting for.

Nothing but fog one morning,
a sense of flowers, insecure windows,
a meeting of glasses in the air,
names of annunciation, a respectable table
that's all, no bad memories or truces or hate.
The patio where the sunlight was
and the sweet weight of the years we never lived
forgotten now, desired,
tough trees of the sacred land,
no disdain or distrust, just fatigue
and the fearfully blue buses will run again.

It's the small things that get tenderly rescued,
carrying an empty box through the world for years,
years of writing and keeping quiet, thinking
that the rooms and the furniture may have forgotten us.

A straw chair woven in exile,
a simple fire of coals and accordions,
silver leaves, the new star in the sky that's going out,
the sliding door open for the hurry-up waltz.

Sobre el mar radiante una vida que fue
los anillos que hicimos cada año,
un vacío grande entre los huéspedes
pero, al fin, juntos y en paz,
desesperados.

Over the shining sea a life that was
the rings we made each year,
a great emptiness among the guests,
but finally, in peace together,
hoping without hope.

Regreso

No pido más que la vieja casa,
ese mismo velamen de oloroso pino
las ventanas atadas al verde atardecer
y toda su noche palpitando en mi amohada.

Nada más que la mañana tranquila,
el paso de un caballo con suelas de goma
los paños flameando en alambres sin hilos,
todo ese vuelco de esencias en vino blanco.

Mis hijos jugando con la rueda de la fortuna
las rosas requiriendo al adobe, dudosas,
el gato leyendo ensimismado
los abuelos tendidos a la sombra.

Todo en calma, la familia sentada
los muertos navegando dulcemente,
tú con el ramo de albahaca renacida
la nostalgia y el amor enteros en tu silencio.

Será siempre temprano para el olmo reservado
los cerezos abrirán su quitasol tan frágil,
la calle guardará las lluvias que dejó el invierno
y jóvenes parejas pasarán de nuevo hacia el olvido.

El piano amarrado con alfombras gastadas,
todos sonreiremos contra todos,
buscaré en tus ojos la delgada sortija enajenada
será como abrir la mañana y acariciarla.

Los vidrios que caen de los árboles
las cartas que nunca leímos
un temor de no haber dicho nada
cuando una palabra bastaba para encender la familia.

Llevaremos una hoguera en las manos,
nos pondremos un sol en el pecho
y será tiempo de cantar.
Cerraremos las persianas.

Return

I ask for nothing more than the old house,
those same sails of fragrant pine,
the windows tied to the green afternoon
and its whole night pounding in my pillow.

Nothing more than the calm morning,
the clatter of a horse with rubber shoes,
the clothes fluttering on suspended wires,
all those essences tumbling in white wine.

My children playing with the wheel of fortune,
the roses courting the adobe, doubtful,
the cat reading things into himself,
our grandparents resting in the shadows.

Everything still, the family sitting down,
the dead ones navigating tenderly,
you with the branch of basil reborn,
your silence filled with love and nostalgia.

It will always be too early for the shy elm,
the cherries will open their fragile parasol,
the street will keep track of the rains winter left
and new young couples will wander into oblivion.

The piano moored to its worn-out rugs,
we'll all be tangled in smiles,
I'll look in your eyes for the ring we gave away,
it will be like stroking the morning open.

The bits of glass falling out of the trees,
the letters we never read,
a fear of having said nothing
when a word was enough to light up the family.

We'll carry a little fire in our hands,
we'll set a sun in our chests
and it will be singing time.
We'll close the blinds.

NOTES

1. «Museum in Coyoacan». Diego Rivera's house where Leon Trotzky was assasinated in 1940.
2. «Homage to the Heroes Fallen at San Jose School». Six leaders of the FDR (Democratic Revolutionary Front) were ambushed, tortured and killed by security forces of El Salvador's military government on November 27, 1980. These leaders representing peasants, workers and professionals were meeting to achieve unity of opposition forces. San José is a Jesuit school.
3. Orlando Letelier, Chilean Ambassador to the United States during Salvador Allende's government, was murdered in Washington D.C. in 1976.

DATE DUE

GAYLORD   PRINTED IN U.S.A.